書名：蠢子數纏度（上）
系列：心一堂術數古籍珍本叢刊　星命類　神數系列
作者：舊題〔宋〕邵雍

主編、責任編輯：陳劍聰
心一堂術數珍本古籍叢刊編校小組：陳劍聰　素聞　梁松盛　鄒偉才　虛白盧主

出版：心一堂有限公司
地址／門市：香港九龍尖沙咀東麼地道六十三號好時中心LG 六十一室
電話號碼：+852-6715-0840　+852-3466-1112
網址：publish.sunyata.cc
電郵：sunyatabook@gmail.com
網上書店：http://book.sunyata.cc
網上論壇：http://bbs.sunyata.cc/

版次：二零一四年五月初版
平裝：三冊不分售

定價：港幣　九百八十元正
　　　人民幣　九百八十元正
　　　新台幣　三千九百二十元正

國際書號：ISBN 978-988-8266-74-6

香港及海外發行：香港聯合書刊物流有限公司
地址：香港新界大埔汀麗路三十六號中華商務印刷大廈三樓
電話號碼：+852-2150-2100
傳真號碼：+852-2407-3062
電郵：info@suplogistics.com.hk

台灣發行：秀威資訊科技股份有限公司
地址：台灣台北市內湖區瑞光路七十六巷六十五號一樓
電話號碼：+886-2-2796-3638
傳真號碼：+886-2-2796-1377
網路書店：www.govbooks.com.tw
　　　　　www.bodbooks.com.tw
經銷：易可數位行銷股份有限公司
地址：台灣新北市新店區寶橋路二三五巷六弄三號五樓
電話號碼：+886-2-8911-0825
傳真號碼：+886-2-8911-0801
email：book-info@ecorebooks.com
易可部落格：http://ecorebooks.pixnet.net/blog

中國大陸發行・零售：心一堂書店
深圳地址：中國深圳羅湖立新路六號東門博雅負一層零零八號
電話號碼：+86-755-8222-4934
北京地址：中國北京東城區雍和宮大街四十號
心一店淘寶網：http://sunyatacc.taobao.com

心一堂術數古籍 珍本 整理 叢刊 總序

術數定義

術數，大概可謂以「推算（推演）、預測人（個人、群體、國家等）、事、物、自然現象、時間、空間方位等規律及氣數，並或通過種種『方術』，從而達致趨吉避凶或某種特定目的」之知識體系和方法。

術數類別

我國術數的內容類別，歷代不盡相同，例如《漢書・藝文志》中載，漢代術數有六類：天文、曆譜、五行、蓍龜、雜占、形法。至清代《四庫全書》，術數類則有：數學、占候、相宅相墓、占卜、命書、相書、陰陽五行、雜技術等，其他如《後漢書・方術部》、《藝文類聚・方術部》、《太平御覽・方術部》等，對於術數的分類，皆有差異。古代多把天文、曆譜、及部份數學均歸入術數類，而民間流行亦視傳統醫學作為術數的一環；此外，有些術數與宗教中的方術亦往往難以分開。現代學界則常將各種術數歸納為五大類別：命、卜、相、醫、山，通稱「五術」。

本叢刊在《四庫全書》的分類基礎上，將術數分為九大類別：占筮、星命、相術、堪輿、選擇、三式、讖諱、理數（陰陽五行）、雜術（其他）。而未收天文、曆譜、算術、宗教方術、醫學。

術數思想與發展——從術到學，乃至合道

我國術數是由上古的占星、卜筮、形法等術發展下來的。其中卜筮之術，是歷經夏商周三代而通過

「龜卜、蓍筮」得出卜（筮）辭的一種預測（吉凶成敗）術，之後歸納並結集成書，此即現傳之《易經》。經過春秋戰國至秦漢之際，受到當時諸子百家的影響、儒家的推崇，遂有《易傳》等的出現，原本是卜筮術書的《易經》，被提升及解讀成有包涵「天地之道（理）」之學。因此，《易・繫辭傳》曰：「易與天地準，故能彌綸天地之道。」

漢代以後，易學中的陰陽學說，與五行、九宮、干支、氣運、災變、律曆、卦氣、讖緯、天人感應說等相結合，形成易學中象數系統。而其他原與《易經》本來沒有關係的術數，如占星、形法、選擇，亦漸漸以易理（象數學說）為依歸。《四庫全書・易類小序》云：「術數之興，多在秦漢以後。要其旨，不出乎陰陽五行，生尅制化。實皆《易》之支派，傳以雜說耳。」至此，術數可謂已由「術」發展成「學」。

及至宋代，術數理論與理學中的河圖洛書、太極圖、邵雍先天之學及皇極經世等學說給合，通過術數以演繹理學中「天地中有一太極，萬物中各有一太極」（《朱子語類》）的思想。術數理論不單已發展至十分成熟，而且也從其學理中衍生一些新的方法或理論，如《梅花易數》、《河洛理數》等。

在傳統上，術數功能往往不止於僅僅作為趨吉避凶的方術，及「能彌綸天地之道」的學問，亦有其「修心養性」的功能，「與道合一」（修道）的內涵。《素問・上古天真論》：「上古之人，其知道者，法於陰陽，和於術數。」數之意義，不單是外在的算數、歷數、氣數，而是與理學中同等的「道」、「理」——心性的功能，北宋理氣家邵雍對此多有發揮：「聖人之心，是亦數也」、「萬化萬事生乎心」、「心為太極」。《觀物外篇》：「先天之學，心法也。……蓋天地萬物之理，盡在其中矣，心一而不分，則能應萬物。」反過來說，宋代的術數理論，受到當時理學、佛道及宋易影響，認為心性本質上是等同天地之太極。天地萬物氣數規律，能通過內觀自心而有所感知，即是內心也已具備有術數的推演及預測、感知能力；相傳是邵雍所創之《梅花易數》，便是在這樣的背景下誕生。

《易・文言傳》已有「積善之家，必有餘慶；積不善之家，必有餘殃」之說，至漢代流行的災變說及讖緯說，我國數千年來都認為天災，異常天象（自然現象），皆與一國或一地的施政者失德有關；下至家族、個人之盛衰，也都與一族一人之德行修養有關。因此，我國術數中除了吉凶盛衰理數之外，人心的德行修養，也是趨吉避凶的一個關鍵因素。

術數與宗教、修道

在這種思想之下，我國術數不單只是附屬於巫術或宗教行為的方術，又往往是一種宗教的修煉手段——通過術數，以知陰陽，乃至合陰陽（道）。「其知道者，法於陰陽，和於術數。」例如，「奇門遁甲」術中，即分為「術奇門」與「法奇門」兩大類。「法奇門」中有大量道教中符籙、手印、存想、內煉的內容，是道教內丹外法的一種重要外法修煉體系。甚至在雷法一系的修煉上，亦大量應用了術數內容。此外，相術、堪輿術中也有修煉望氣（氣的形狀、顏色）的方法；堪輿家除了選擇陰陽宅之吉凶外，也有道教中選擇適合修道環境（法、財、侶、地中的地）的方法，以至通過堪輿術觀察天地山川陰陽之氣，亦成為領悟陰陽金丹大道的一途。

易學體系以外的術數與的少數民族的術數

我國術數中，也有不用或不全用易理作為其理論依據的，如揚雄的《太玄》、司馬光的《潛虛》。也有一些占卜法、雜術不屬於《易經》系統，不過對後世影響較少而已。

外來宗教及少數民族中也有不少雖受漢文化影響（如陰陽、五行、二十八宿等學說）但仍自成系統的術數，如古代的西夏、突厥、吐魯番等占卜及星占術，藏族中有多種藏傳佛教占卜術、苯教占卜術、擇吉術、推命術、相術等；北方少數民族有薩滿教占卜術；不少少數民族如水族、白族、布朗族、佤族、彝族、苗族等，皆有占雞（卦）草卜、雞蛋卜等術，納西族的占星術、占卜術，彝族畢摩的推命術、占卜術……等等，都是屬於《易經》體系以外的術數。相對上，外國傳入的術數以及其理論，對我國術數影響更大。

曆法、推步術與外來術數的影響

我國的術數與曆法的關係非常緊密。早期的術數中，很多是利用星宿或星宿組合的位置（如某星在某州或某宮某度）付予某種吉凶意義，并據之以推演，例如歲星（木星）、月將（某月太陽所躔之宮次）等。不過，由於不同的古代曆法推步的誤差及歲差的問題，若干年後，其術數所用之星辰的位置，已與真實星辰的位置不一樣了；此如歲星（木星），早期的曆法及術數以十二年為一周期（以應地支），與木星真實周期十一點八六年，每幾十年便錯一宮。後來術家又設一「太歲」的假想星體來解決，是歲星運行的相反，週期亦剛好是十二年。而術數中的神煞，很多即是根據太歲的位置而定。又如六壬術中的「月將」，原是立春節氣後太陽躔娵訾之次而稱作「登明亥將」，至宋代，因歲差的關係，要到雨水節氣後太陽才躔娵訾之次，當時沈括提出了修正，但明清時六壬術中「月將」仍然沿用宋代沈括修正的起法沒有再修正。

由於以真實星象周期的推步術是非常繁複，而且古代星象推步術本身亦有不少誤差，大多數術數除依曆書保留了太陽（節氣）、太陰（月相）的簡單宮次計算外，漸漸形成根據干支、日月等的各自起例，以起出其他具有不同含義的眾多假想星象及神煞系統。唐宋以後，我國絕大部份術數都主要沿用這一系統，也出現了不少完全脫離真實星象的術數，如《子平術》，《紫微斗數》、《鐵版神數》等。後來就連一些利用真實星辰位置的術數，如《七政四餘術》及選擇法中的《天星選擇》，也已與假想星象及神煞混合而使用了。

隨着古代外國曆（推步）、術數的傳入，如唐代傳入的印度曆法及術數，元代傳入的回回曆等，其中我國占星術便吸收了印度占星術中羅睺星、計都星等而形成四餘星，又通過阿拉伯占星術而吸收了其中來自希臘、巴比倫占星術的黃道十二宮、四元素學說（地、水、火、風），並與我國傳統的二十八宿、五行說、神煞系統並存而形成《七政四餘術》。此外，一些術數中的北斗星名，不用我國傳統的星名：天樞、天璇、天璣、天權、玉衡、開陽、搖光，而是使用來自印度梵文所譯的：貪狼、巨門、祿存、文曲，廉貞、武曲、破軍等，此明顯是受到唐代從印度傳入的曆法及占星術所影響。如星命術的《紫微斗數》及堪輿術的《撼龍經》等文獻中，其星皆用印度譯名。及至清初《時憲曆》，置閏之法則改用西法「定氣」。清代以後的術數，又作過不少的調整。

陰陽學——術數在古代、官方管理及外國的影響

術數在古代社會中一直扮演着一個非常重要的角色，影響層面不單只是某一階層、某一職業、某一年齡的人，而是上自帝王，下至普通百姓，從出生到死亡，不論是生活上的小事如洗髮、出行等，大事如建房、入伙、出兵等，從個人、家族以至國家，從天文、氣象、地理到人事、軍事，從民俗、學術到宗教，都離不開術數的應用。我國最晚在唐代開始，已把以上術數之學，稱作陰陽（學），行術數者稱陰陽人。（敦煌文書、斯四三二七唐《師師漫語話》：「以下說陰陽人謾語話」，此說法後來傳入日本，今日本人稱行術數者為「陰陽師」）。一直到了清末，欽天監中負責陰陽術數的官員中，以及民間術數之士，仍名陰陽生。

古代政府的中欽天監（司天監），除了負責天文、曆法、輿地之外，亦精通其他如星占、選擇、堪輿等術數，除在皇室人員及朝庭中應用外，也定期頒行日書、修定術數，使民間對於天文、日曆用事吉

凶及使用其他術數時，有所依從。

中國古代政府對官方及民間陰陽學及陰陽官員，從其內容、人員的選拔、培訓、認證、考核、律法監管等，都有制度。至明清兩代，其制度更為完善、嚴格。

宋代官學之中，課程中已有陰陽學及其考試的內容。（宋徽宗崇寧三年〔一一零四年〕崇寧算學令：「諸學生習……並曆算、三式、天文書。」，「諸試……三式即射覆及預占三日陰陽風雨。天文即預定一月或一季分野災祥，並以依經備草合問為通。」

金代司天臺，從民間「草澤人」（即民間習術數之士）考試選拔：「其試之制，以《宣明曆》試推步，及《婚書》、《地理新書》試合婚、安葬，並《易》筮法，六壬課、三命、五星之術。」（《金史》卷五十一・志第三十二・選舉一）

元代為進一步加強官方陰陽學對民間的影響、管理、控制及培育，除沿襲宋代、金代在司天監掌管陰陽學及中央的官學陰陽學課程之外，更在地方上增設陰陽學之課程（《元史・選舉志一》：「世祖至元二十八年夏六月始置諸路陰陽學。」）地方上也設陰陽學教授員，培育及管轄地方陰陽人。（《元史・選舉志一》：「（元仁宗）延祐初，令陰陽人依儒醫例，於路、府、州設教授員，凡陰陽人皆管轄之，而上屬於太史焉。」）自此，民間的陰陽術士（陰陽人），被納入官方的管轄之下。

至明清兩代，陰陽學制度更為完善。中央欽天監掌管陰陽學，明代地方縣設陰陽學正術，各州設陰陽學典術，各縣設陰陽學訓術。陰陽人從地方陰陽學肄業或被選拔出來後，再送到欽天監考試。（《大明會典》卷二二三：「凡天下府州縣舉到陰陽人堪任正術等官者，俱從吏部送（欽天監），考中，送回選用；不中者發回原籍為民，原保官吏治罪。」）清代大致沿用明制，凡陰陽術數之流，悉歸中央欽天監及地方陰陽官員管理、培訓、認證。至今尚有「紹興府陰陽印」、「東光縣陰陽學記」等明代銅印，及某某縣某某之清代陰陽執照等傳世。

清代欽天監漏刻科對官員要求甚為嚴格。《大清會典》「國子監」規定：「凡算學之教，設肄業生。滿洲十有二人，蒙古、漢軍各六人，於各旗官學內考取。漢十有二人，於舉人、貢監生童內考取。附學生二十四人，由欽天監選送。教以天文演算法諸書，五年學業有成，舉人引見以欽天監博士用，貢監生童以天文生補用。」學生在官學肄業、貢監生肄業或考得舉人後，經過了五年對天文、算法、陰陽學的學習，其中精通陰陽術數者，會送往漏刻科。而在欽天監供職的官員，《大清會典則例》「欽天監」規定：「本監官生三年考核一次，術業精通者，保題升用。不及者，停其升轉，再加學習。如能黽勉供職，即予開複。仍不及者，降職一等，再令學習三年，能習熟者，准予開複，仍不能者，黜退。」除定期考核以定其升用降職外，《大清律例》中對陰陽術士不準確的推斷（妄言禍福）是要治罪的。《大清律例・一七八・術七・妄言禍福》：「凡陰陽術士不許於大小文武官員之家妄言禍福，違者杖一百。其依經推算星命卜課，不在禁限。」大小文武官員延請的陰陽術士，自然是以欽天監漏刻科官員或地方陰陽官員為主。

官方陰陽學制度也影響鄰國如朝鮮、日本、越南等地，一直到了民國時期，鄰國仍然沿用着我國的多種術數。而我國的漢族術數，在古代甚至影響遍及西夏、突厥、吐蕃、阿拉伯、印度、東南亞諸國。

術數研究

術數在我國古代社會雖然影響深遠，「是傳統中國理念中的一門科學，從傳統的陰陽、五行、九宮、八卦、河圖、洛書等觀念作大自然的研究。……傳統中國的天文學、數學、煉丹術等，要到上世紀中葉始受世界學者肯定。可是，術數還未受到應得的注意。術數在傳統中國科技史、思想史，文化史、社會史，甚至軍事史都有一定的影響。……更進一步了解術數，我們將更能了解中國歷史的全貌。」（何丙郁《術數、天文與醫學中國科技史的新視野》，香港城市大學中國文化中心。）

可是術數至今一直不受正統學界所重視，加上術家藏秘自珍，又揚言天機不可洩漏，「（術數）乃吾國科學與哲學融貫而成一種學說，數千年來傳衍嬗變，或隱或現，全賴一二有心人為之繼續維繫，賴以不絕，其中確有學術上研究之價值，非徒癡人說夢，荒誕不經之謂也。其所以至今不能在科學中成立一種地位者，實有數困。蓋古代士大夫階級目醫卜星相為九流之學，多恥道之；而發明諸大師又故為惝恍迷離之辭，以待後人探索；間有一二賢者有所發明，亦秘莫如深，既恐洩天地之秘，復恐譏為旁門左道，始終不肯公開研究，成立一有系統說明之書籍，貽之後世。故居今日而欲研究此種學術，實一極困難之事。」（民國徐樂吾《子平真詮評註》，方重審序）

現存的術數古籍，除極少數是唐、宋、元的版本外，絕大多數是明、清兩代的版本。其內容也主要是明、清兩代流行的術數，唐宋以前的術數及其書籍，大部份均已失傳，只能從史料記載、出土文獻、敦煌遺書中稍窺一鱗半爪。

術數版本

坊間術數古籍版本，大多是晚清書坊之翻刻本及民國書賈之重排本，其中豕亥魚魯，或而任意增刪，往往文意全非，以至不能卒讀。現今不論是術數愛好者，還是民俗、史學、社會、文化、版本等學術研究者，要想得一常見術數書籍的善本、原版，已經非常困難，更遑論稿本、鈔本、孤本。在文獻不足及缺乏善本的情況下，要想對術數的源流、理法、及其影響，作全面深入的研究，幾不可能。

有見及此，本叢刊編校小組經多年努力及多方協助，在中國、韓國、日本等地區搜羅了一九四九年以前漢文為主的術數類善本、珍本、鈔本、孤本、稿本、批校本等數百種，精選出其中最佳版本，分別輯入兩個系列：

一、心一堂術數古籍珍本叢刊

二、心一堂術數古籍整理叢刊

前者以最新數碼技術清理、修復珍本原本的版面，更正明顯的錯訛，部份善本更以原色精印，務求更勝原本，以饗讀者。後者延請、稿約有關專家、學者，以善本、珍本等作底本，參以其他版本，進行審定、校勘、注釋，務求打造一最善版本，供現代人閱讀、理解、研究等之用。不過，限於編校小組的水平，版本選擇及考證、文字修正、提要內容等方面，恐有疏漏及舛誤之處，懇請方家不吝指正。

心一堂術數古籍 珍本 整理 叢刊編校小組

二零一三年九月修訂

《蠢子纏度》 提要

《蠢子纏度》，原四函三十二冊，三十卷。舊題【宋】邵雍撰。舊鈔本。線裝。未刊稿。盧白廬藏本。

邵雍（一零一一—一零七七），生於北宋真宗四年，卒於北宋神宗十年。字堯夫，又稱安樂先生、百源先生，謚康節。河北范陽（今河北省涿州市）人，晚年隱居在洛陽。後世稱邵康節，為北宋理學家，精易學。《宋史．邵雍傳》云：「始為學，即堅苦自勵，寒不爐，暑不扇，夜不就席者數年。」「遠而古今世變，微而走飛草木之性情」，「智慮絕人，遇事能前知」。宋代名儒如司馬光、程頤、程顥、張載等皆曾從遊。著有《皇極經世》、《伊川擊壤集》、《觀物內外篇》、《漁樵問對》等。其中《皇極經世》以先天易數，用元、會、運、世推演天地變化、古今興衰和朝代更替之法，對後世易學、術數影響甚為巨大。民間流傳的術數中，《梅花易數》、《鐵板神數》、《邵夫子先天神數》、《前定數》、《皇極數》（《八刻分經定數》、《邵子數》、《蠢子數》等）（以上各種神數，輯入心一堂術數珍本古籍叢刊），相傳皆為邵雍所發明。

《蠢子纏度》，又稱《蠢子數》、《先天蠢子神數》等。近世術家，多謂《蠢子數》仍最古的《鐵板神數》版本，謂邵雍精術數、星命，恐其子愚蠢，不能傳其學，故創《蠢子數》傳子，只需依法推算，便可知人生死貴賤，悉如書上所載。此說清代已流傳，如清代名醫龍繪堂（一八一三—一八八三）曾著中醫教科書《蠢子醫》，即是取此典故。

考《蠢子數》之名，最早見於明代文獻。【明】楊慎（一四八八—一五九九）《丹鉛雜錄．卷一．康節不信命》云：「張橫渠，善論命，因問康節疾，曰，先生推命否？康節曰：若天命已知之矣，世俗所謂命，則不知也。康節之言如此，今世游食術人，妄造《大定數》、《蠢子數》，托名康節，豈不厚誣前賢？」故知明代已有《蠢子數》流行。不過，正如楊慎所言，邵雍其實不推命；後人云康節創《蠢子數》、《邵子數》、《鐵板神數》等皆偽托。

此情況與民間流傳，與《蠢子數》類似的《皇極數》同。明代有一種推命術《皇極數》（輯入心一堂術數珍本古籍叢刊，經已出版），又稱《八刻分經定數》（虛白廬另藏《八刻分經定數》鈔本，心一堂術數珍本古籍叢刊即將整理出版）。明《永樂大典》中載有《皇極數》三卷，據《四庫全書總目提要》中所載：「不著撰人名氏。其說以八卦之數推人禍福吉凶。占子孫一條有云：此祖宗後代之數，先天不傳之秘。司馬溫公得之於康節，康節子伯溫又得之於司馬公，從而流傳。今得之者幾希，予不得已而傳之云云。牽及邵子，猶數學之慣技。牽及司馬光，妄益甚矣。」《皇極數》亦云傳自邵子，實亦偽托。

《四庫全書》輯宋祝泌撰《觀物篇解》五卷附《皇極經世解起數訣》一卷之提要云：「陶宗儀《輟耕錄》載泌精皇極數，其甥傳立傳其術，為元世祖占卜，尚能前知，則亦小道之可觀者。蓋其學雖宗康節，而亦自別有所得。故其例頗與《經世書》不符，而其推占亦往往著驗。方技之家，各挾一術，邵子不必盡用易，泌亦不必盡用邵子，無庸以異同疑也。二書世所鈔傳，間有譌脫，諸本竝同，無從訂正，今亦姑仍之云。」可知宋代祝泌亦精「皇極數」。可是，祝氏之「皇極數」乃是推算國運之術，并非推占人命之術。故此，凡推命術而名《皇極數》者，當是明代以後偽托邵雍《皇極經世》之名而已。

關於《蠢子數》，清代文獻也屢提及。清末民初徐珂（一八六九—一九二八）《清稗類鈔・方伎類》中：有一則《蠢子數》的記載：「道光以前，山西有以《蠢子數》鬻技於都中者，言人之貴賤窮通，頗有驗。其于湘人劉協揆之降調升復，語皆符合。武陵趙文恪公慎畛嘗就其人而詢之，乃知此數于國初由關東傳至山西，原書八箱，五箱損于水，遂有無從檢查之八字，即諉之此沈失之數。但云傳自邵康節，然宋以前即能測定滿洲姓氏耶？如瓜爾佳氏、鈕鈷祿氏者，皆能算出，即可知其偽矣。」【清】趙慎畛、徐懷寶《榆巢雜識》有一類似的記載：「但云傳聞山西《套子數》算人貴賤窮通極驗。吾鄉劉協揆之降調升復，云皆符合。細詢此數之由來，則自《蠢子數》。」

徐珂《清稗類鈔・方伎類》另有一則「前定數」，當出自【清】葉名澧《橋西雜記》。《橋西雜記》云：「內閣大庫中，向存子平若干箱，曰《前定數》。庫鑰為典籍廳所掌。辛亥春，予偕啟鑰往視，僅架數十冊，篇頁零亂。玩其紙墨，乃明人所為。一老隸在旁云：『三十年前，某相國已取其大半去矣。聞山右稷山縣庫，亦藏有寫本，大都已往驗，而未來之事多不足憑。』」【清】俞樾《茶香室三鈔・卷二十一・前定數》亦引此文，後有按語：「按江湖間有挾此術者謂之《皇極經世數》，亦謂之邵康節《蠢子數》。」另據《北京考古集成・第九卷明清》所記：「文淵閣四庫全書的『抖晾』差使，則另外派人負責。庫門的鑰匙，由內閣侍讀中的滿員佩帶，每日開庫，他人不得過問。因此很少人知道除庫存的實錄、本章而外，尚有何物。在光緒二十四、五年間，因內閣大庫牆塌，發現庫中尚有藏書，如邵康節《蠢子數》很多。」此兩則，所說當為同一書，即《蠢子數》。「內閣大庫」原在清宮紫禁城中東南隅，係清宮收藏書籍、公文的地方。

又，清初李光庭於乾隆三十年刊的《鄉言解頤・卷三・人部・卜》云：「若吾邑王晴川明經之打盤，先東亭兄曾親試之，其靈驗可與山右之《蠢子數》相符。」

又，清初許仲元（一七七五－？）《三異筆談・卷一・蠢子數》云：「《蠢子數》托名康節先生，在晉省某府，今移太原，其書汗牛充棟，其法先問父母生卒，及娶妻生子歲月，不合即令查，查或歷數月，亦有終不得者。合即掣一幅付之，始末臚列，真名稱其實也。其語或駢或散，或文或俗，若隱若明，若莊若諧，則又狡獪殊甚。余曾見三紙，一為袁方伯柏田，由謄錄起家，緜辭似科第而非科第，微詞嘲諷，殊見滑稽。初任金華佐，兩字借點極巧，繼而題長興。晉西防，保堪陞，擢福州，以至被議捐復，語皆暗合。戊午春余，方以觀察需次，出書示客，是年下一聯以飛霜對明月，時都匀宰程棟尚為運司主藏吏，偶至，詫曰：『作轉運矣！不見司署前石柱乎？』後數月，果符所注，方伯喜，屢出書索解，補首道晉閩臬，皆可意揣。後數歲有中流砥柱字，不得其說，方伯意或當調陝。嘉慶十一年，余以運鉛入楚，過黃鵠磯，見中流砥柱四字，大書深刻，不啻泰山碑也，以告方伯，共為恍然。嗣再作句宣，內召放還，一一皆可意會，膝下三人，書云：『兩子送終。』長君厚堂竟前卒，亦驗。一為完顏制軍魁倫，時制閩浙，以閱兵駐武林，萼樓張觀察郵寄以示僚屬，前半節目，眾均未悉，制軍則曰甚驗。後則綸綍簪纓作聯，眾皆貢諛謂入閣且襲爵也，魁亦居之不疑，蓋爾時以參伍浦，眷甚隆，拜相封公，亦意中事，但雜以生死字樣，疑之，則曰：『大約極品後，即考終耳。』其後仍有恩膏優渥，錫予頻頻等語，益信其吉，豈知為賜帛讖。異哉！生死關頭，乃嚴旨中語，尤奇。死後仁宗念其前功，恤還沒產，且錄其子。末路亦無一字不驗。其一獨不驗，則錢星垣榆所藏也，隱其姓名，造中載連捷科名，宦場尤利。弱冠余以進士分部，六十陟侍郎，出作巡撫。後忽直書曰：『天顏大怒，臣罪當誅。』又一行云：『魂歸玉笥峰頭鶴，血染雲陽市上花。』考玉笥在江西，而星垣係閩中人，又云其人初官額外，寄晉問命，得此怖絕，棄官歸，長齋事佛，年四十歸道山，計已減齡懺劫矣。三紙皆粗疏朽敗，字更惡劣，潦草不可解。星垣復云，或以高宗聖造試自，則只四大字，曰『萬壽無疆』，疑其附會。」

據徐珂的說法，《蠢子數》是清初由關東（約即今之東北三省）傳入山西。而以上數則文獻，皆云山西《蠢子數》，由此可知，清代《蠢子數》曾盛行於山西一帶。清代同治間章耒著的上海松江地區的方誌《張澤志稿・遺事》也有「《蠢子數》，或驗或不驗」之語。上文提及清代河南名醫龍繪堂著《蠢子醫》，可知清代中晚期，《蠢子數》除流行於北方、山西等地外，也見於上海、河南等多地。《蠢子數》卷數浩繁，徐珂云：「多達八箱」，許仲元云「其書汗牛充棟」。且清宮內府，也藏有《蠢子數》寫本，云只餘下數十冊，可推其原本冊數應有數百冊之多。清代學者林昌彝（一八零三—一八七六）著作中也曾提及所見之《蠢子數》版本，冊數多達一千。冊數極多，也是《蠢子數》較《皇極（神）數》、《邵子（神）數》、《鐵板神數》不同之處。

其他神數，如《皇極數》等，明清文獻亦多有記載。如明代小說《水滸傳》已載有《皇極先天神數》之推命術。（《水滸傳》第六十回：「吳用答道：『小生姓張，名用，自號談天口。祖貫山東人氏，能算皇極先天數，知人生死貴賤。卦金白銀一兩，方纔算命。』」）

明代袁了凡（一五三三—一六零六）所撰《了凡四訓》（《訓子文》）中云：

「余童年喪父，老母命棄舉業學醫，謂：『可以養生、可以濟人，且習一藝以成名，爾父夙心也。』

後余在慈雲寺，遇一老者，修髯偉貌，飄飄若仙。余敬禮之，語余曰：『子仕路中人也。明年即進學，何不讀書？』余告以故，並叩老者姓氏里居。曰：『吾姓孔，雲南人也。得邵子《皇極數》正傳，數該傳汝。』余引之歸，告母。母曰：『善待之。』試其數，纖悉皆驗。

余遂起讀書之念，謀之表兄沈稱，言：『郁海谷先生在沈友夫家開館，我送汝寄學甚便。』余遂禮郁為師。孔為余起數：『縣考童生當十四名，府考七十一名，提學考第九名。』明年赴考，三處名數皆合。復為卜終身休咎，言：『某年考第幾名，某年當補廩，某年當貢。貢後某年當選四川一大尹，在任三年半，即宜告歸。五十三歲八月十四日丑時，當終於正寢，惜無子。』余備錄而謹記之。

自此以後，凡遇考校，其名數先後，皆不出孔公所懸定者。獨算余食廩米九十一石五斗當出貢，及食米七十餘石，屠宗師即批准補貢，余竊疑之。後果為署印楊公所駁。直至丁卯年，殷秋溟宗師見余場中備卷，歎曰：『五策即五篇奏議也，豈可使博洽淹貫之儒，老於窗下乎？』遂依縣申文准貢，連前食米計之，實九十一石五斗也。余因此益信進退有命、遲速有時，澹然無求矣。」

由此可見，《蠢子數》、《皇極數》在明代已然流行，而且以「纖悉皆驗」聞名。考民間流傳之《皇極數》、《八刻分經定數》、《邵子數》、《蠢子數》、《甲子數》、《太極數》、《先天（神）數》等，多相類似，也多宗邵雍為撰者。其法與子平、紫微斗數等推命術不同之處，乃術家不單以人的出生之年、月、日、時推算，尚需問命者提供部份六親之生肖存亡等資料，以供術家「考刻（分）」（一時中再分刻（分））。術家推命後的批章，往往因為被推算者的六親之生肖存亡等奇準，而被稱之為「神數」。今人多統稱之為「神數」。（此與清代流行各種「神數」定義不同。詳見十四卷本《鐵板神數》（附秘鈔密碼表）提要，輯入心一堂術數古籍珍本叢刊，經已出版。）

本書《蠢子纏度》又與《皇極數》、《邵夫子先天神數》、《鐵板神數》不盡相同，除了卷數、冊數更多外，以及條文內容不同外，在應用刻分方面，也不相同：

明代之《皇極數》、《八刻分經定數》等，是在年、月、日、時基礎上，以「時分八刻」、一日（晝夜）分百刻（明代制度）的基礎上去考刻。

虛白廬藏《邵夫子先天神數》（以明鈔本為底本的清鈔本）仍是「一時（分）八刻」。然而，與《皇極數》不同，《邵夫子先天神數》中，刻外已有分若干分。

《蠢子纏度》之條文內容，只分一刻至八刻，未有一刻十五分之說。而除首兩卷四冊是先、後天部（簽碼表），其餘二十八卷（冊）是條文，二十八卷（冊）分別以二十八宿代表，每卷（冊）再以星（炁、孛、羅、計、金、木、火、水、土、龍、紫、文、武、陰、陽、巨）纏於十二地支何宮幾度，下列七言四句之條文。

而清代之十四卷本《鐵板神數》，卻是「每一時須推八刻、每一刻又推十五分。」即等於西方及今天所用的「分鐘」。按，西洋「分鐘」的時間單位，我國是清代中葉後，稍稍為人所認識及接受之後。「分鐘」作為時間單位流行是清末後的事。所以今本《鐵板神數》（十四卷本）當出於清中葉後。（詳見輯入心一堂術數珍本古籍叢刊十四卷本《鐵板神數》提要。心一堂術數古籍珍本）

另，本書《蠢子纏度》、《邵夫子先天神數》有多處閏正月、閏十二月的條文，可證內容是沿自明代。我國自漢代至明代〈大統曆〉，是沿用平氣注曆，會出現閏正月或閏十二月的年份。在清代順治二年（一六四五）改用〈時憲曆〉，改用定氣注曆，基本上是沒有可能有出現閏正月或閏十二月的年份。如本書《蠢子纏度・卷三・角木蛟・羅・十二過卯》：「生辰正是閏正月，二十七日見體形。」及《蠢子纏度・卷四・亢金龍・龍・九度過卯》卷：「……閏臘月生十二日，季冬數九盼三陽。」

至清中葉，術家可能把《皇極數》溶合了當時民間術數〈鐵板數〉及其他〈神數〉，出現了十四卷本《鐵板神數》之內容：更改了刻分、條文排序、序數、取數法等，成為今天流行的〈鐵板神數〉。而其中同屬《皇極數》系統的神數，如《邵夫子先天神數》、《邵子數》、《蠢子數》等，清代中葉後已多式微，漸由〈鐵板神數〉所取代，只有極少數保存在民間。偶有保留者，或漸漸改成類似今本十四卷本《鐵板神數》之形式。嘗見《蠢子數》另一版本，係清末鈔本，其條文排序，已改如《鐵板神數》之排序數，卷數也比本書虛白廬本《蠢子纏度》少。故本叢書輯入較古版本的《蠢子纏度》（本書）及即將出版另一版本《蠢子數》：《先天蠢子神數》，均是極稀見珍貴的版本。

我國的推命術，如星學（七政四餘）、子平學、紫微斗數、河洛理數等，其原理、起例、推算法則等皆已公開，無甚秘密。唯各種「神數」（如《蠢子數》、《皇極數》、《鐵板神數》等），其原理、起例、推算法則一直未有公開，或云「神數」非推命之學，實是「射覆」之術，待考。一直以來，以「神數」為業之術家，對「神數」的原理、起例、推算法則甚為保密。心一堂術數珍本古籍叢刊已先後出版了《皇極數》（附起數法）、最早刻本（清中葉）的十四卷本《鐵板神數》（附秘鈔密碼表）、《邵夫子先天神數》，若讀者能將本書與以上三書及心一堂術數珍本古籍叢刊即將整理出版的其他「神數」古籍對讀研究，當對「神數」之原理、起例、推算法則等當有會心。

《蠢子數》（《蠢子纏度》）自明代出現一直是鈔本秘傳，從來未有刊本。其卷數多達三十卷三十二冊，也是除了心一堂術數珍本古籍叢刊即將整理出版的另一版本《蠢子數》：《先天蠢子神數》外，已知現存「神數」版本中，冊數最多的一種「神數」版本。為令此稀見鈔本不致湮沒，特以最新數碼技術清理、修復版面精印，以供參考研究及收藏。

心一堂術數古籍珍本叢刊編校小組

二零一四年三月

岐山王記

蠢子纏度先天部

乾産 坤産 才産 官産 一六勾 歲作 歲古
才祀古 日月相 勾推長相 雁序 川日 十二宮
又十二宮 祀古下作 祀川才绪才 祀作 祀川旬 祀古
官逆令作 庶勾一五官念勾 才七斗六 官逆令訟 祀産勾
官順令古 才歷念勾産 祀川才绪才 祀作 雁序
才官相冲 才祀相 才相産勾 才官同相 才相念勾川月
刻川才相 绪才才相 官相 賢才 庶才 绪官
守官 吐壽 雁川 斗川 官長小 才長 才刻念
官令古 才令古 晚配刻 川才刻 残才 祀川日月 才祀作 祀古

時△

	子	丑 △才	寅	卯	辰
乾△ 亡対時 角 雁△序宮 初刻	炁 六	孛 七	羅 八	計 十	金 四
亢。 乾 產身歲 二刻	孛 三 〢〇	羅 四 〇二	計 五 〇三	金 六 刈	木 七 丨
氐 三宿俱足 父身子	羅 五度 十三	計 七 十四	金 九 五	木 十一 六	水 十三 七
房 父生子歲數	計 十二 廿五	金 十一 六	木 十 七	水 九 八	火 八 九
心	金 五度 卅七	木 三 八	水 五 九	火 七 四十	土 八 一
尾 雁行後二條	木 四 四九	水 五 五十	火 六 五一	土 七 五二	炁 八 五三

巳	午	未	申	酉	戌	亥
木 五	水 七	火 十二	土 三	龍 九	紫 十	文 六 日丸
水 八 〢双	火 九 〤〣	土 十 〡	龍 十一 〡〣	紫 十二 〡五	文 十三 〢	武 十四 〇三
火 十五 八	土 三 九	龍 五 廿	紫 八 廿一	文 十四 廿二	武 十四 廿三	陰 十六 廿四
土 七 卅	龍 六 一	紫 五 二	文 四 三	武 三 四	陰 二 五	陽 一 六
龍 二 二	紫 四 三	文 六 四	武 九 五	陰 十 六	陽 十一 七	巨 十二 八
紫 九 四	文 十 台五	武 十一 台六	陰 十二 台七	陽 十三 台八	巨 十四 雁行居 雇来	炁 十五 七 居来

初

△乾坤存主並子宮

初	時　子	丑	寅	卯	辰
箕 陽 一丸（陰陽 初刻時）	炁 二	孛 三	羅 四 川勾	計 五	金 六
△斗 △△川丸 陽」（三刻時）	孛 三 五	羅 四	計 五	金 六	木 七
坤育身宮　牛 降（十三度）	羅 四	計 五 四	金 六 五	木 七 一六	水 八 一七
女（十二度）	計 廿五	金 十一 六	木 十 七	水 九 八	火 九 九
虛」	金 廿七 六	木 七 八	水 八 九	火 九 四十	土 十 一
危　○雁行揚名順	木 七	水 八	火 九	土 十	就 十一

巳	木 七 五中	水 八	火 九 丨八	土 十 卅	訖 十一 二	紫 十二
午	水 八 丸日	火 九	土 十 丨九	訖 十一 卅一	紫 十二 三	文 十三
未	火 九 㐅川	土 十 雁 川一	訖 十一 二十	紫 十二 卅二	文 十三 四	武 十四
申	土 十	訖 十一	紫 十二 川一	文 十三 卅三	武 十四 五	陰 十五
酉	訖 十一 刈	紫 十二	文 十三 川二	武 十四 卅四	陰 十五 六	陽 十六
戌	紫 十二 子	文 十三	武 十四 川三	陰 十五 卅五	陽 十六 七	巨 十七
亥	文 十三 日丸	武 十四	陰 十五 川四	陽 十六 卅六	巨 十七 八	炁 十八

川

時初△

猪丸日月

室 丨丸△ 陽 揄丸宮欠

壁 丨陰 陽

才雇勾子宮

奎

方降

婁

胃

德而反怨

昴 生時有凶有吉早晚

	子	丑	寅	卯	辰
初刻時	炁 二 五	孛 三	羅 四 川子	計 五 日丸	金 六月丸 川
坤時刻	孛 三	羅 四	計 五	金 六	木 七
方十三度	羅 四	計 五 四	金 六 五	木 七 六	水 八 七
二十五度	計 五	金 六 六	木 七 七	水 八 八	火 九 九
卅七度	金 六	木 七 八	水 八 九	火 九 四十	土 十 一
	木 七	水 八	火 九	土 十	炁 十一

巳	木七 日丸	水八	火九 八	土十三 三十	計十一 二	紫十二
午	水八 成分又	火九	土十 九	計十一 一	紫十二 三	文十三
未	火九 中分	土十	計十一 二十	紫十二 二	文十三 四	武十四
申	土十	計十一	紫十二 一	文十三 三	武十四 五	陰十五
酉 十一 日丸	計十一	紫十三 二	文十四 四	武十五 六	陰	陽十六
戌	紫十二 中分	文十三	武十四 三	陰十五 五	陽十六 七	巨十七
亥	文十三	武十四	陰十五 四	陽十六 六	巨十七 八	炁十八

本源産勾 身	度	子	丑	寅	卯	辰
畢	十三度	炁 一	孛 二 四	羅 三 五	計 四 六	金 五 七
觜	廿五度	孛 二	羅 三 六	計 四 七	金 五 八	木 六 九
參	卅七度	計 三	金 四 八	木 五 九	水 六 四十	火 七 一
井	卌九度	金 四	木 五 五十	水 六 一	火 七 二	土 八 三
鬼 上賞下嗔順	六十一度	木 五	水 六 二	火 七 三	土 八 四	誸 九 五
柳 時內帶小人無性		水 六	火 七	土 八	誸 九	紫 十

巳	木 六 八	水 七 三十	土 八 二	訖 九 四	紫 十 六	文 十一
午	水 七 九	火 八 一	訖 九 三	紫 十 五	文 十一 七	武 十二
未	火 八 二十	土 九 二	紫 十 四	文 十一 六	武 十二 八	陰 十三
申	土 九 一	訖 十 三	文 十一 五	武 十二 七	陰 十三 九	陽 十四
酉	訖 十 二	紫 十一 四	武 十二 六	陰 十三 八	陽 十四 七十	巨 十五
戌	紫 十一 三	文 十二 五	陰 十三 七	陽 十四 九	巨 十五 一	炁 十六
亥	文 十二 四	武 十三 六	陽 十四 八	巨 十五 六十	炁 十六 七十二	孛 十七

一六旬宮刻　丌

星〡	張〢	翼〣	軫〤	角〥	亢〦
子〢	炁一（刻一六旬）丌〇〇	孛三 〇〇丌	羅三 〇〇丌	計四 〇〇丌	武九 〇〇刻	陰十三
丑〣	孛二	羅四	計四	金五	陰十 〣刻	陽十四
寅〤	羅三	計十四	金五	木六	陽八 〤刻	巨九
卯〥	計四	金十五	木六	水七	巨七 〥	炁十九
辰〦	金五	木十六	水七	火八	炁十一	孛十八

巳 三		木 六	水 十七	火 八	土 九	孛 十一 三	羅 十七
午 丸	○○○	水 七 ○○○	火 十八	土 九 ○○○	訖 十 ○○○	羅 十二 ○○○	計 十六
未	○○○○	火 八 石皮	土 十九	訖 十	紫 十一	計 十 乂	金 十五
申	○○○○○	土 九	訖 十一	紫 十一	文 十二	金 八 分	木 十四
酉	○○○○○○	訖 十	紫 十二	文 十二	武 十三	木 七 上	水 十三
戌	○○○○○○○	紫 十一	文 十三	武 十三	陰 十四	水 六 三	火 十二
亥	○○○○○○○○	文 十二	武 十四	陰 十四	陽 十五	火 五 三	土

上

時 狢丸日月

流年運氣

乾初刻 歲作行宮

時	氐 刂〇兎流作陽宮	房 詩	心	尾 上作	箕	斗
子〇〇丸	陽 二 日丸	巨 二 流十三四作	炁 一 三十七八作	孛 十八 十三四作	武 四 三十七八作	陰 五 六十一二作
丑	巨 五 月丸	炁 三 五六	孛 二 卅九罕	羅 十七 五六	陰 五 卅九罕	陽 六 六十三四
寅	炁 八 丸日	孛 四 七八	羅 三 四十三	計 十六 七八	陽 五 四三	巨 一 六十五六
卯	孛 十二	羅 五 九廿	計 四 罕十三四	金 十五 十九廿	巨 七 四三四	炁 八 六十七八
辰	羅 十五 日丸	計 六 廿三	金 五 罕十五六	木 十四 廿三	炁 七 四五六	孛 九 六九七十

上

巳	計 三 日丸	金 七 廿三四	木 六 四七八	水 十三 廿三四	孛 八 四七八	羅 十 七一二
午	金 六 月丸	木 八 廿五六	水 七 四九五十	火 十二 廿五六	羅 九 四九五十	計 十一 七三四
未	木 九	水 九 廿七八	火 八 五十一二	土 十一 廿七八	計 十 五十一二	金 十二 七五六
申	水 十二 乂川	火 十 廿九卅	土 九 五十三四	記 十 廿九卅	金 十一 五十三四	木 十三 七十七八
酉	火 一	土 十一 卅一二	記 十 五十五六	紫 九 卅一二	木 十二 五十五六	水 十四 七九八十
戌	土 四 才丸	記 十二 卅三四	紫 五 五十七八	文 八 卅三四	水 十三 五十七八	火 十五 八十一二
亥	記 七 日月丸	紫 十三 卅五六	文 十二 五九六十	武 七 卅五六	火 十四 五九六十	土 十六 八十三四

時陰限　牛丸　日月

流年運氣凶

	一丸 牛 流吉宮	女	虛	危	室 中位	壁 土 栄身 対上論生時
	初刻時	歲流吉行宮		歲才吉下作		祀才吉
子	陽一 月丸	巨二 十三四	炁三 三十三	孛四 六十三	文五	陰六
丑	巨二 月	炁三 十五六	孛四 三九四十	羅五 六三四	陰六	陽七
寅	炁三 月丸	孛四 十七八	羅五 四十三	計六 六五六	陽七	巨八
卯	孛四 衣	羅五 十九廿	計六 四十三四	金七 六七八	巨八	炁九
辰	羅五	計六 廿一三	金七 四十五六	木八 六九七十	炁九	孛十

巳	計 六	金 七 廿三四	木 八 四七八	水 九 七三	孛 十	羅 十一
午	金 七 日九	木 八 廿五六	水 九 四九五十	火 十 七三四	羅 十一	計 十二
未	木 八	水 九 廿七八	火 十 五十二	土 十一 七五六	計 十二	紫 十三
申	水 九 日九	火 十 廿九卅	土 十一 五十三四	炁 十二 七七八	金 十三	文 十四
酉	火 十	土 十一 卅一二	炁 十二 五十五六	紫 十三 七九八十	木 十四	武 十五
戌	土 十一	炁 十二	紫 十三 五七八	文 十四 八十一二	水 十五	陰 十六
亥	炁 十二	紫 十三	文 十四 五九六十	武 十五 八十三四	火 十六	金 十七

乾坤屬相 太陽行宮 日月相	子	丑	寅	卯	辰
奎子	陽一	巨二	炁三	孛四	羅五
婁丑	巨二	炁三	孛四	羅五	計六
胃寅	炁三	孛四	羅五	計六	金七
昴卯	孛四	羅五	計六	金七	木八
畢辰	武五	陰六	陽七	巨八	炁九
觜巳	陰六	陽七	巨八	炁九	孛十

巳	計六	金七	木八	水九	孛十	羅十一
午	金七	木八	水九	火十	羅十一	計十二
未	木八	水九	火十	土十一	計十二	金十三
申	水九	火十	土十一	炁十二	金十三	木十四
酉	火十	土十一	炁十二	紫十三	木十四	水十五
戌	土十一	炁十二	紫十三	文十四	水十五	火十六
亥	炁十二	紫十三	文十四	武十五	火十六	土十七

文

太陽行宮 日月相	三子	丑	寅	卯	辰
參三三 午	巨一	炁二	孛三	羅四	計五
井未	炁二	孛三	羅四	計五	金六
鬼申	孛三	羅四	計五	金六	木七
柳酉	羅四	計五	金六	木七	水八
星戌	武五	陰六	陽七	巨八	炁九
張亥	陰六	陽七	巨八	炁九	孛十

巳	金六	木七	水八	火九	孛十	羅十一
午	木七	水八	火九	土十	羅十一	計十二
未	水八	火九	土十	炁十一	計十二	金十三
申	火九	土十	炁十一	紫十二	金十三	木十四
酉	土十	炁十一	紫十二	文十三	木十四	水十五
戌	炁十一	紫十二	文十三	武十四	水十五	火十六
亥	紫十二	文十三	武十四	陰十五	火十六	土十七

日月 勾宮推長相	子	丑	寅	卯	辰
翼	陽 一子	巨 二午	炁 三子	孛 四午	羅 五子
軫	巨 二丑	炁 三未	孛 四丑	羅 五未	計 六丑
角	土 一寅	祿 三申	紫 五寅	文 九申	武 六寅
亢	祿 四卯	紫 五酉	文 七卯	武 九酉	陰 十一卯
氐	紫 二辰	文 三戌	武 四辰	陰 五戌	陽 六辰
房	文 十二巳	武 十一亥	陰 十巳	陽 九亥	巨 八巳

巳	午	未	申	酉	戌	亥
		○○○○		○○○○○	○○○	○○○
計 午六	金 子七	木 午八	水 子九	火 午十	土 子十一	訖 午十二
金 未七	木 丑八	水 未九	火 丑十	土 未十一	訖 丑十二	紫 未十三
陰 申七	陽 寅八	巨 申九	炁 寅十	孛 申十一	羅 寅十二	計 申十三
陽 酉十三	巨 卯二	炁 酉五	孛 卯八	羅 酉十二	計 卯十六	金 酉十一
巨 戌七	炁 辰八	孛 戌九	羅 辰十	計 戌十一	金 辰十二	木 戌十三
炁 亥七	孛 巳六	羅 亥五	計 巳四	金 亥三	木 巳二	水 亥一

雁行序宮

	子	丑	寅	卯	辰
心	武 一 〇	陰 二 〢〇	陽 三 〣〇	巨 四 〤〇	炁 五 〥〇
尾 雁行双月 三三	陰 四 〣〇〇	陽 五 〤〇〇	巨 六 〥〇〇	炁 七 〦〇〇	孛 八 〧〇〇
箕	土 一 〢〇	計 二 〦〇	紫 三 〢〇〇	文 四 〦〇〇	武 五 〣〇〇
斗	紫 四 〣〇	文 六 〧〇	武 七 〨〇〇	陰 八 〧〇〇	陽 十 〥〇〇〇
牛	紫 五 〤〇	文 六 〥〇	武 七 〤〇〇	陰 八 〨〇〇	陽 九 〥〇〇〇
女	文 六 〤〇〇	武 七巨十七 十〇〦〇〇	陰 八 〥〇〇	陽 九 十 十二	巨 十 十〇〇〇〇

巳	午	未	申	酉	戌	亥
孛 六	羅 七	計 八	金 九	木 十	水 十一	火 十二 石
羅 九	計 十	金 十一	木 十二	水 十三	火 十四	土 十五
陰 六	陽 七	巨 八	炁 九	孛 十	羅 十一	計 十二
巨 十一	炁 十二	孛 十三	羅 十四	計 十五	金 十六	木 十七
巨 十	炁 十一	孛 十二	羅 十三	計 十四	金 十	木 十七 十末
炁 十一	孛 十二	羅 十三	計 十四	金 十五	木 十六	水 十七 十文

二

太陽川日

虛 子

危 丑

室 寅

壁 卯

奎 辰

婁 巳

天相橫

子	丑	寅	卯	辰
武 一 子	陰 二 丑	陽 三 寅	巨 四 卯	烝 五 辰
陰 二	陽 三	巨 四	烝 五	孛 六
土 三	我 四	紫 五	文 六	武 七
木 四	水 五	火 六	土 七	我 八
紫 五	文 六	武 七	陰 八	陽 九
文 六	武 七	陰 八	陽 九	巨 十

三

巳	午	未	申	酉	戌	亥
孛 六 巳	羅 七 午	計 八 未	金 九 申	木 十 酉	水 十一 戌	火 十二 亥
羅 七	計 八	金 九	木 十	水 十一	火 十二	土 十三
陰 八	陽 九	巨 十	炁 十一	孛 十二	羅 十三	計 十四
紫 九	文 十	武 十一	陰 十二	陽 十三	巨 十四	炁 十五
巨 十	炁 十一	孛 十二	羅 十三	計 十四	金 十五	木 十六
炁 十一	孛 十二	羅 十三	計 十四	金 十五	木 十六	水 十七

太陽川日	子	丑	寅	卯	辰
三三 胃 午	武 一子	陰 二丑	陽 三寅	巨 四卯	炁 五辰
昴 未	陰 二	陽 三	巨 四	炁 五	孛 六
畢 申	土 三	羅 四	紫 五	文 六	武 七
觜 酉	羅 四	紫 五	文 六	武 七	陰 八
参 戌	文 五	武 六	陰 七	陽 八	巨 九
井 亥	武 六	陰 七	陽 八	巨 九	炁 十

IX

巳	孛 巳六	羅七	陰八	陽九	炁十	孛十一
午	羅 午七	計八	陽九	巨十	孛十一	羅十二
未	計 未八	金九	巨十	炁十一	羅十二	計十三
申	金 申九	木十	炁十一	孛十二	計十三	金十四
酉	木 酉十	水十一	孛十二	羅十三	金十四	木十五
戌	水 戌十一	火十二	羅十三	計十四	木十五	水十六
亥	火 亥十二	土十三	計十四	金十五	水十六	火十七

庶勾一五
後雜用

寅卯行宮

	子	丑	寅	卯	辰
鬼	寅 陰一	陽二	巨三	炁四	孛五
柳	陽二	巨三	炁四	孛五	羅六
星	土三	計四	紫五	文六	武七
張	計四	紫五	文六	武七	陰八
翼 庶勾走宮	紫五	文六	武七	陰八	陽九
軫 苟合雜才	文六 ○ 勾	武七 ○○	陰八 ○○○	陽九 ○○○○	巨十 ○○○○○

巳	羅六	計七	陰八	陽九	巨十	炁十一	露水
午	卯 計七	金八	陽九	巨十	炁十一	孛十二	全
未	金八	木九	巨十	炁十一	孛十二	羅十三	兄妹
申	木九	水十	炁十一	孛十二	羅十三	計十四	坤斗
酉	水十	火十一	孛十二	羅十三	計十四	金十五	嫂
戌	火十一	土十二	羅十三	計十四	金十五	木十六	姑舅
亥	土十二	訖十三	計十四	金十五	木十六	水十七	兩姨

16

二乾坤宮　辰巳行宮。

角　亢　氐　房　心　二乾坤宮尾借育

月令

月令						
子	金四	木三	水二	火一	土十二	計三
丑	木五	水二	火五	土二	計十一	紫四 刂
寅	水六	火三	土六	計三	紫十	文五 二
卯	火七	土四	計三	紫四	文九	武六 〇二
辰	土八	計五	紫六	文五	武八	陰七 六

辰

巳

巳	就九	紫六	文九	武六	陰七	陽八
午	紫十	文七	武一	陰七	陽六	巨九 淮斧
未	文十一	武八	陰四	陽八	巨五	炁十 全○
申	武十二	陰九	陽七	巨九	炁四	孛十一 隨坤
酉	陰十三	陽十	巨五	炁十	孛三	羅十三 行 手足陽
戌	陽十四	巨十三	炁十	孛十一	羅二	計十三 撥乱
亥	巨十五	炁十四	孛十三	羅十二	計一	土十四 離才用

儿

二七走才有斗无句

午未行宫

	子	丑	寅	卯	辰
箕	午 金四	木五	水六	火七	土八
斗	木五	火六	土七	孛八	紫九
牛	水六	火七	土八	孛九	紫十
女	火三	土四	孛五	紫六	文七
虛（前才後走斗宫）	土四	孛五	紫六	文七	武八
危（庶）	孛五 〢才	紫六 〣	文七 〤	武八 〥	陰九 〦

巳	訖九	文十	文十一	武八	陰九	陽十	〢ㄴ
午	未 紫十	武十一	武十二	陰九	陽十	巨十一 有斗死句	〡
未	文十一	陰十二	陰十三	陽十	巨十一	烝十二	〢
申	武十二	陽十三	陽十四	巨十一	烝十二	孛十三	〣
酉	陰十三	巨十四	巨十五	烝十二	孛十三	羅十四	〤
戌	陽十四	烝十五	烝十六	孛十三	羅十四	計十五	〥
亥	巨十五	孛十六	孛十七	羅十四	計十五	金十六	〦

△人

申酉行宮

室　壁　奎　婁　胃杏林宮　昴后風宮

藥水行宮

藥水行宮

申

子	丑	寅	卯	辰
金一	木二	水三	火四	土五
炁二	孛三	羅四	計五	金六
水三	火四	土五	訖六	紫七
火四	土五	訖六	紫七	文八
土五 川丸	訖六 乂	紫七 分	文八 上	武九 上
訖七	紫八	文九	武十	陰十一

巳 祿六 水七 文八 武九 陰十 陽十二
午 酉 紫七 火八 武九 陰十 陽十一 巨十三
未 文八 土九 陰十 陽十一 巨十二 炁十四
申 武九 祿十 陽十一 巨十二 炁十三 孛十五
酉 陰十 紫十一 巨十二 炁十三 孛十四 羅十六
戌 陽十一 文十二 炁十三 孛十四 羅十五 計十七
亥 巨十二 武十三 孛十四 羅十五 計十六 金十八

外翰逆時　戌亥行宮

子	丑	寅	卯	辰
亥	戌	酉	申	未

戌

畢	金一	木二	水三	火四	土五
觜	木二	水三	火四	土五	羅六
參	火三	土四	羅五	紫六	文七
井	土四	羅五	紫六	文七	武八
鬼　外翰逆時	羅五	紫六	文七	武八	陰九
柳　坐明倫化	紫六	文七	武八	陰九	陽十

巳 午	祿六	紫七	武八	陰九	陽十	巨十一	
午 巳 亥	紫七	文八	陰九	陽十	巨十一	炁十二	
未 辰	文八	武九	陽十	巨十一	炁十二	孛十三	
申 卯	武九	陰十	巨十一	炁十二	孛十三	羅十四	
酉 寅	陰十	陽十一	炁十二	孛十三	羅十四	計十五	
戌 丑	陽十一	巨十二	孛十三	羅十四	計十五	金十六	
亥 子	巨十二	炁十三	羅十四	計十五	金十六	木十七	

反

月古逆寅　子丑行宮

	子	丑	寅	卯	辰
星	金十二	木十一	水十	火九	土八
張	木二	水三	火四	土五	炁六
翌	水三	火四	土五	炁六	紫七
軫	火四	土五	炁六	紫七	文八
角（月古逆寅）	炁十二	孛十一	羅十	計九	金八
亢（下作）	孛二丑	羅三子	計四亥	金五戌	木六酉

丑

巳	午	未	申	酉	戌	亥
計七	紫六	文五	武四	陰三	陽二	巨一
紫七	文八	武九	陰十	陽十一	巨十二	炁十三
文八	武九	陰十	陽十一	巨十二	炁十三	孛十四
武九	陰十	陽十一	巨十二	炁十三	孛十四	羅十五
木七	水六	火五	土四	計三	紫二	文一
水七申	火八未	土九午	計十巳	紫十一辰	文十二卯	武十三寅

廿

寅卯又行作宮逆時

寅

	子亥	丑戌	寅酉	卯申	辰未
氐	孛一	羅二	計三	金四	木五
房	羅十二	計十一	金十	木九	水八
心	計十四	金十五	木十六	水十七	火十八
尾	金十六	木十五	水十四	火十三	土十二
箕 作宮逆時	炁十二	孛十一	羅十	計九	金八
斗	羅三	計四	金五	木六	水七

巳 午	水六	火七	土十九	祿十一	木七	火八
午 巳 卯	火七	土六	祿十一	紫十	水六	土九
未 辰	土八	祿五	紫十二	文九	火五	祿十
申 卯	祿九	紫四	文十三	武八	土四	紫十一
酉 寅	紫十	文三	武十四	陰七	祿三	文十二
戌 丑	文十一	武二	陰十五	陽六	紫二	武十三
亥 子	武十二	陰一	陽十六	巨五	文一	陰十四

五斗行宮

辰巳又行

	子	丑	寅	卯	辰
牛	辰 羅一	計二	金三	木四	水五
女	計二	金三	木四	水五	火六
虛	金三	木四	水五	火六	土七
危	木四	水五	火六	土七	計八
室 前民配五	炁五	孛六	羅七	計八	金九
壁 五斗行宮	陰七	陽九	巨十 陰	炁五	孛十二

巳	火六	土七	祿八	紫九	木	羅十二
午	巳 土七	祿八	紫九	文十	水○	計十三
未	祿八	紫九	文十	武十一	火	金十五 玉配民
申	紫九	文十	武十一	陰十二	土	木十七
酉	文十	武十一	陰十二	陽十三	祿	水十七
戌	武十一	陰十二	陽十三	巨十四	紫	火十六
亥	陰十二	陽十三	巨十四	炁十五	文	土十九

二

午未又行
二七才後念句

子	丑	寅	卯	辰

奎
婁
胃
昴
畢 前才念句
觜 後義隆螟 二七才走

午

羅一	計二	金三	木四	水五
計二	金三	木四	水五	火六
金三	木四	水五	火六	土七
木四	水五	火六	土七	炁八
炁五	孛六	羅七	計八	金九
孛	羅	計	金	木

六 リ才 七 川 八 メ 九 攵 十 丄

巳	午	未	申	酉	戌	亥
火六	土七	訖八	紫九	文十	武十一	陰十二
土七	訖八	紫九	文十	武十一	陰十二	陽十三
訖八	紫九	文十	武十一	陰十二	陽十三	巨十四
紫九	文十	武十一	陰十二	陽十三	巨十四	炁十五
木十	水十一	火十二	土十三	訖十四	紫十五	文十六
水十一	火十二	土十三	訖十四	紫十五	文十六	武十七

未

之　念句　侄　他　蝖

天同地異

申酉又行

	子	丑	寅	卯	辰
參 申	計一	金二	木三	水四	火五
井	金二	木三	水四	火五	土六
鬼	木三	水四	火五	土六	訖七
柳	水四	火五	土六	訖七	紫八
星 走匄双月	炁五	孛六	羅七	計八	金九
張 走匄月双 天同 地曾	孛六	羅七	計八	金九	木十

六 ‖ 匄 七 川 八 乂 九 分 十 上

巳	土六	龍七	紫八	文九	木十	水十一（三）
午	酉 龍七	紫八	文九	武十	水十一	火十二（三）
未	紫八	文九	武十	陰十一	火十二	土十三（文石）
申	文九	武十	陰十一	陽十二	土十三	龍十四（十）
酉	武十	陰十一	陽十二	巨十三	龍十四	紫十五（十一）
戌	陰十一	陽十二	巨十三	炁十四	紫十五	文十六（十二）
亥	陽十二	巨十三	炁十四	孛十五	文十六	武十七（十三皮）

四海時	子	丑	寅	卯	辰
翌（戌亥又行）	戌 羅一	計二	金三	木四	水五
軫	計二	金三	木四	水五	火六
角	武五	陰六	陽七	巨八	炁九
亢	陰一	陽二	巨三	炁四	孛五
氐（智合四海時）	陰四	陽五	巨六	炁七	孛八
房（对時）	陽一	巨二	炁三	孛四	羅五

巳	火六	土七	孛十	羅六	羅九	計六
午 亥	土七	炁八	羅一	計七	計十	金七
未	炁八	紫九	計二	金八	金十一	木八
申	紫九	文十	金三	木九	木十二	水九
酉	文十	武十一	木四	水十	水十三	火十
戌	武十一	陰十二	水五	火十一	火十四	土十一
亥	陰十二	陽十三	火六	土十二	土十五	炁十二

116

子丑又行

宅離二宮

	子	丑	寅	卯	辰
心　子	巨一	炁二	孛三	羅四	計五
尾	炁二	孛三	羅四	計五	金六
箕	武七	陰八	陽九	巨十	炁十一
斗	陽八	巨九	炁十	孛十一	羅十二
牛（宅離二宮）	陽九	巨十	炁十一	孛十二	羅十三
女	巨五 川丸	炁六	孛七	羅八	計九

巳	金六	木七	孛十二	計十三	計十四	金十
午	丑 木七	水八	羅十三	金十四	金十五 ○	木十一
未	水八	火九	計十四	木十五	木十六	水十二
申	火九	土十	金十五	水十六	水十七	火十三
酉	土十	炁十一	木十六	火十七	火十八	土十四
戌	炁十一	紫十二	水十七	土十八	土十九	炁十五
亥	紫十二	文十三	火十八	炁十九	炁二十	紫十六

雜

流年

限 古行宮 宮古行 下作

下斷續

祀古下作

	子	丑	寅	卯	辰
虛	炁 一甲	孛 二乙	羅 三丙	計 四丁	金 五戊
危	孛 二丙	羅 三丁	計 四戊	金 五己	木 六庚
室	武 三戊	陰 四己	陽 五庚	巨 六辛	炁 七壬
壁 歲限 行川 才	祿 四庚	紫 五辛	文 六壬	武 七癸	陰 八甲
奎	陽 五壬	巨 六癸	炁 七甲	孛 八乙	羅 九丙
婁 隨斷隨續	巨 六	炁 七	孛 八	羅 九	計 十

祀川才緒才

巳	木 六 己	水 七 辛	孛 八 癸	陽 九 乙	計 十 丁	金 十一
午	水 七 庚	火 八 壬	羅 九 甲	巨 十 丙	金 十一 戊	木 十二
未	火 八 辛	土 九 癸	計 十 乙	炁 十一 丁	木 十二 己	水 十三
申	土 九 壬	訖 十 甲	金 十一 丙	孛 十二 戊	水 十三 庚	火 十四
酉	訖 十 癸	紫 十一 乙	木 十二 丁	羅 十三 己	火 十四 辛	土 十五
戌	紫 十一 甲	文 十二 丙	水 十三 戊	計 十四 庚	土 十五 壬	訖 十六
亥	文 十二 乙	武 十三 丁	火 十四 己	金 十五 辛	訖 十六 癸	紫 十七

忙

流年順　限行作宮　限行川勾

	子	丑	寅	卯	辰
作行宮 胃 祀作	炁 一甲	孛 二乙	羅 三丙	計 四丁	金 五戊
昴	孛 二丙	羅 三丁	計 四戊	金 五己	木 六庚
畢	武 十四戊	陰 十三己	陽 十二庚	巨 十一辛	炁 十壬
觜	陰 四庚	陽 五辛	巨 六壬	炁 七癸	孛 八甲
參	巨 五壬	炁 六癸	孛 七甲	羅 八乙	計 九丙
限行川内 歲 井 子 对上古 一祀川勾	炁 六	孛 七	羅 八	計 九	金 十

巳	午	未	申	酉	戌	亥
木 六 己	水 七 庚	火 八 辛	土 九 壬	炁 十 癸	紫 十一 甲	文 十二 乙
水 七 辛	火 八 壬	土 九 癸	炁 十 甲	紫 十一 乙	文 十二 丙	武 十三 丁
孛 九 癸	羅 八 甲	計 七 乙	金 六 丙	木 五 丁	水 四 戊	火 三 己
羅 九 乙	計 十 丙	金 十一 丁	木 十二 戊	水 十三 己	火 十四 庚	土 十五 辛
金 十 丁	木 十一 戊	水 十二 己	火 十三 庚	土 十四 辛	炁 十五 壬	紫 十六 癸
木 十一	水 十二	火 十三	土 十四	炁 十五	紫 十六	文 十七

川

勾宮推辰相

鬼柳星張翼軫

子　丑　寅　卯　辰

坎○子　坤○○

孛　羅　計　金　木
一子　二午　三子　四午　五子

羅　計　金　木　水
二丑　三未　四丑　五未　六丑

孛　羅　計　金　木
三寅　四申　五寅　六申　七寅

陰　陽　巨　炁　孛
四卯　五酉　六卯　七酉　八卯

陽　巨　炁　孛　羅
五辰　六戌　七辰　八戌　九辰

巨　炁　孛　羅　計
六巳　七亥　八巳　九亥　十巳

巳	午	未	申	酉	戌	亥
		○○○○○		○○○○○		○○○○○○
水 六午	火 七子	土 八午	炁 九子	紫 十午	文 十一子	武 十二午
火 七未	土 八丑	炁 九未	紫 十丑	文 十一未	武 十二丑	陰 十三未
水 八申	火 九寅	土 十申	炁 十一寅	紫 十二申	文 十三寅	武 十四申
羅 九酉	計 十卯	金 十一酉	木 十二卯	水 十三酉	火 十四卯	土 十五酉
計 十戌	金 十一辰	木 十二戌	水 十三辰	火 十四戌	土 十五辰	炁 十六戌
金 十一亥	木 十二巳	水 十三亥	火 十四巳	土 十五亥	炁 十六巳	紫 十七亥

收

海錯

	子亥	丑戌	寅酉	卯申	辰未
柳 明倫 逆時下	紫六	文七	武八	陰九	陽十
斗 作宮令 逆	逆令作 羅三	計四	金五	木六	水七
危 雁行 大作	木七	水八	火九	土十	氣十一
昴 上時 交叉 無情 上時	木七	水八	火九	土十	氣十一
柳 上喜 下嗔 上時	水六	火七	土八	氣九	紫十
軫 麻勾一五	文六 ○ 勾	武七 ○○	陰八 ○○○	陽九 ○○○○	巨十 ○○○○○

卅

巳 午	巨十一	火八	紫十二	紫十二	文十一	炁十一	荀合
午 巳	炁十二	土九	文十三	文十三	武十二	孛十二	仝
未 辰	孛十三	孫十	武十四	武十四	陰十三	羅十三	兄妹
申 卯	羅十四	紫十一	陰十五	陰十五	陽十四	計十四	隨月
酉 寅	計十五	文十二	陽十六	陽十六	巨十五	金十五	嫂
戌 丑	金十六	武十三	巨十七	巨十七	炁十六	木十六	姑旧
亥 子	木十七	陰十四	炁十八	炁十八	孛十七	水十七	両姨

逆

才祀古下作

	子	丑	寅	卯	辰
室（歲　才古下作順重）	文五	陰六	陽七	巨八	炁九
壁（貢逆時）	陰六	陽七	巨八	炁九	孛十
尾（二乾坤）	祿三	紫四	文五	武六	陰七
危（林古　才斗刻　二丿　才歷）	祿五 川才	紫六 川	文七 乂	武八 6	陰九 上
昴（月古逆）	祿七 川刻	紫八 乂	文九 6	武十 上	陰十一 上
亢（官令古宮　訟下作　逆下作　官令訟逆下作）	孛二 丑	羅三 子	計四 亥	金五 戌	木六 酉

巳	午	未	申	酉	戌	亥
孛十	羅十一	計十二	金十三	木十四	水十五	火十六
羅十一	計十二	紫十三	文十四	武十五	陰十六	陽十七
陽八	巨九 双月	炁十 三月	孛十一 隨坤 孛全十二 継养	羅十二 弃句	計十三 撥離	金十四 離
陽十 〧	巨十一 〡斗	炁十二 〢	孛十三 〣	羅十四 〤	計十五 〩	金十六 〧
陽十二 〨	巨十三 〣刻	炁十四 〤	孛十五 〩	羅十六 〧	計十七 〧	金十八 〨
水七 申	火八 未	土九 午	訖十 巳	紫十一 辰	文十二 卯	武十三 寅

〣

歲

限行川句順

	子 亥 官才	丑 戌	寅 酉	卯 申	辰 未
井 古作相連	炁 六 官才 祀川句	孛 七	羅 八	計 九	金 十
昴 術藝逆時下 九星	巨 六 羅古	炁 七 防害 土古	孛 八 水作	羅 九 金官 作才古	計 十 陽作
井	土 六 ○○○	炁 七	紫 八	文 九	武 十
翌 近貴官 令古 丁戊 宮順下作	水 五 義卒刻 分丸	火 六 ○	土 七	炁 八 ○	紫 九
壁 官令古 流月古宮	巨 一 寅	翼	巨 二 卯	牛	巨 三 辰
角 官令古下作順	巨 七 申	箕 ○	巨 八 酉	柳 ○	巨 九 戌

巳　午　木　十一　金　十一　火官才見古　陰　十一　文　十　○鬼　星○

午　巳　水　十二　武　十二　官作才古　陽　十二　武　十一　三　巨　四　巳　巨　十　亥

未　辰　火　十三　陰　十三　陽官作才古　巨　十三　陰　十二　○婁　畢○

申　卯　土　十四　陽　十四　陽官作才古　炁　十四　陽　十三　巨　五　午　巨　十一　子

酉　寅　詭　十五　巨　十五　孛詭作　孛　十五　巨　十四　○牛　心○

戌　丑　紫　十六　詭　十六　水古　羅　十六　炁　十五　巨　六　未　巨　十二　丑

亥　子　文　十七　紫　十七　天解作　計　十七　孛　十六

五斗行宮

限行川才隨緒

限行川才隨緒	子	丑	寅	卯	辰
壁 民鴦玉 后玉民	陰七	陽九	巨十	炁五	孛十二
觜 才歷念勾 后義隆	孛六	羅七 川	計八 乂	金九 〥	木十 〦
才歷念勾 / 張 双月勾走 后石度	孛六	羅七 ○○○	計八 ○○○○	金九 ○○○○○	木十 ○○○○○○
房 智合四海時 下	陽一	巨二	炁三	孛四	羅五
三刻走入 / 女 宅離二宮	巨五	炁六	孛七	羅八	計九
重祀川才緒才 / 婁 限行川才 隨緒順祀	巨六	炁七	孛八	羅九	計十

巳	羅 十二	水 十一（上）	水 十一	計 六	金 十	金 十一
午	計 十三	火 十二（念句）	火 十二（念句）	金 七	木 十一	木 十二
未	金 十五	土 十三（侄）	土 十三	木 八	水 十二	水 十三
申	木 十七	詭 十四（螟 下同）	詭 十四	水 九	火 十三	火 十四
酉	水 十七	紫 十五	紫 十五	火 十	土 十四	土 十五
戌	火 十八	文 十六	文 十六	土 十一	詭 十五	詭 十六
亥	土 十九	武 十七	武 十七	詭 十二（双月）	紫 十六（皮）	紫 十七

雁行居末

流作

奎 营
星 淑人
尾
尾
軫
室

子
巨 二 福星
巨 七 姑还
計 五 斋
巨 二 偏
巨 十一 糸
送
巨 三 博光

丑
巨 十五 文曲

寅
巨 十七 太和
羅

卯
巨 十九 月德

辰
巨 三 营
巨 一 江

蠢子纏度後天部

岐山王記

三歲産勹　四歲古　晚配刻宮川才刻宮　五歲作　六雁序
歲川日月　八才相　殘才遲相　九才相産勹才相念 庶才 産
十才官相同　十一川才續才相　十二官刻才相
十三才刻官相　后身才古才作　十四才賢時逆側才
時逆川官續官川官守官才相念勹　十五十六川月
二十二吐宮　二十三吐宮命宮　二十七雁刻川日月　廿八燕川日月
廿九官長官小　三十才長才刻念勹才小　三十一官令古　才令古

時

才 日丸 月

才論宮日月內行運

時	角 磋限行宮	亢 磋祀行宮	氐	房	心	尾
子	土 五 甲	詭 三 甲	詭 三 丙	紫 一 戊	文 六 庚	武 四 壬
丑	詭 六 日丸	紫 四 乙	紫 四 丁	文 二 己	武 七 辛	陰 五 癸
寅	紫 七 月丸	文 十七 丙	文 五 戊	武 三 庚	陰 八 壬	陽 六 甲
卯	文 八 川	武 二 丁	武 六 己	陰 四 辛	陽 九 癸	巨 七 乙
辰	武 九 中川	陰 十五 戊	陰 七 庚	陽 五 壬	巨 十 甲	炁 八 丙

巳	午	未	申	酉	戌	亥
陰 十 日丸	陽 十一 子又	巨 十二	炁 十三 日丸	孛 十四	羅 十五 月丸	炁 十六 月丸
陽 八 己	巨 三 庚	炁 六 辛	孛 十九 壬	羅 五 癸	計 十 甲	金 十五 乙
陽 八 辛	巨 九 壬	炁 十 癸	孛 十一 甲	羅 十二 乙	計 十三 丙	金 十四 丁
巨 六 癸	炁 九 甲	孛 十 乙	羅 十一 丙	計 十二 丁	金 十三 戊	木 十四 己
炁 十一 乙	孛 十二 丙	羅 十三 丁	計 十四 戊	金 十五 己	木 十六 庚	水 十七 辛
孛 九 丁	羅 十 戊	計 十一 己	金 十二 庚	木 十三 辛	水 十四 壬	火 十五 癸

姑限行宮

箕斗牛女虛危

論行運位陞遷

子	丑	寅	卯	辰
土 二甲	紀 三乙	紫 四丙	文 五丁	武 六戊
紫 三丙	文 四丁	武 五戊	陰 六己	陽 七庚
紫 四戊	文 五己	武 六庚	陰 七辛	陽 八壬
文 五庚	武 六辛	陰 七壬	陽 八癸	巨 九甲
武 六壬	陰 七癸	陽 八甲	巨 九乙	炁 十丙
陰 七	陽 八	巨 九	炁 十	孛 十一

巳	午	未	申	酉	戌	亥
陰 七 己	陽 八 庚	巨 九 辛	炁 十 壬	孛 十一 癸	羅 十二 甲	計 十三 乙
巨 八 辛	炁 九 壬	孛 十 癸	羅 十一 甲	計 十二 乙	金 十三 丙	木 十四 丁
巨 九 癸	炁 十 甲	孛 十一 乙	羅 十二 丙	計 十三 丁	金 十四 戊	木 十五 己
炁 十 乙	孛 十一 丙	羅 十二 丁	計 十三 戊	金 十四 己	木 十五 庚	水 十六 辛
孛 十一 丁	羅 十二 戊	計 十三 己	金 十四 庚	木 十五 辛	水 十六 壬	火 十七 癸
羅 十二	計 十三	金 十四	木 十五	水 十六	火 十七	土 十八

初
才丸日月
北天对七相
記
后限行産內

丨丸日月才五行 室 陰
壁 月
奎 月
婁 月
胃 月 火
昴 土

論時刻生人帯刑傷男大女小

子	丑	寅	卯	辰
土 二 月丸	計 三 月丸	紫 四	文 五 日丸	武 六 日
木 三 金	水 四 木	火 五 水	土 六 火	計 七 土
紫 四 金	文 五 木	武 六 水	陰 七 火	陽 八 土
文 十六 金	武 十七 木	陰 十八 水	陽 十九 火	巨 十一 土
武 五 金	陰 六 木	陽 七 水	巨 八 火	炁 九 土
陰 六 金	陽 七 木	巨 八 水	炁 九 火	孛 十 土

巳	午	未	申	酉	戌	亥
陰 己 六	陽 庚 七	巨 辛 八	炁 壬 九	孛 癸 十	羅 甲 十一	計 乙 十二
陽 辛 七	巨 壬 八	炁 癸 九	孛 甲 十	羅 乙 十一	計 丙 十二	金 丁 十三
炁 癸 八	孛 甲 九	羅 乙 十	計 丙 十一	金 丁 十二	木 戊 十三	水 己 十四
孛 乙 九	羅 丙 十	計 丁 十一	金 戊 十二	木 己 十三	水 庚 十四	火 辛 十五
羅 丁 十三	計 戊〇〇 十二丸	金 己 十二	木 庚 十三	水 辛 十四	火 壬 十五	土 癸 十六
計 乚 十一	金 刻卅才 十二	木 吊 十三	水 尅才 十四	火 十五	土 十六	[illegible] 十七

6

論行運

限作行宮
起

限三日月

宿	子	丑	寅	卯	辰
星	陰 一甲	陽 二乙	巨 三丙	炁 四丁	孛 五戊
張	計 二丙	紫 三丁	文 四戊	武 五己	陰 六庚
翌	紫 三戊	文 四己	武 五庚	陰 六辛	陽 七壬
軫	文 四庚	武 五辛	陰 六壬	陽 七癸	巨 八甲
角	金 五壬	木 六癸	水 九甲	火 十二乙	土 二丙
亢	木 二	水 五	火 十五	土 六	計 七

限川日月
起

巳	午	未	申	酉	戌	亥
陰 七 日	陽 八	巨 九	炁 十 日丸	孛 十一 日	羅 十二 月丸	計 十三 日
紫 八 官金	文 九 木	武 十 水	陰 十一 火	陽 十二 土官	巨 十三 子	炁 十四 午
巨 九 官金	炁 十 木	孛 十一 水	羅 十二 火	計 十三 土官	金 十四 丑	木 十五 未
炁 十二 官金	孛 十三 木	羅 十四 水	計 十五 火	金 十六 土官	木 十七 寅	水 十八 申
孛 十 官金	羅 十一 木	計 十二 水	金 十三 火	木 十四 土官	水 十五 卯	火 十六 酉
羅 十一 官金	計 十二 木	金 十三 水	木 十四 火	水 十五 土官	火 十六 辰	土 十七 戌

限歲行産匈宮

限古行宮

杞 畢 觜 參 井 鬼

晚配才宮

刻 柳

刻川才走

子	丑	寅	卯	辰
土 一甲	詭 二乙	紫 三丙	文 四丁	武 五戊
詭 二戊	紫 三己	文 四庚	武 五辛	陰 六壬
文 三	武 四	陰 五	陽 六	巨 七
武 四庚	陰 五辛	陽 六壬	巨 七癸	炁 八甲
陰 五壬○○○	陽 六癸	巨 七甲	炁 八乙	孛 九丙
陽 六丸	巨 七	炁 八	孛 九	羅 十

巳	羅 六己	陽 七辛	巨 八癸	炁 九乙	祿 五丁	紫 八
午	計 七庚	巨 八壬	炁 九甲	孛 十丙	紫 八戊	文 九
未	金 八辛	炁 九癸	孛 十乙	羅 十一丁	文 十三己	武 十八
申	木 九壬	孛 十甲	羅 十一丙	計 十二戊	武 四庚	陰 十九
酉	水 十癸	羅 十一乙	計 十二丁	金 十三己	陰 七辛	陽 十一
戌	火 十一甲	計 十二丙	金 十三戊	木 十四庚	陽 十壬	巨 十二
亥	土 十二乙	金 十三丁	木 十四己	水 十五辛	巨 十一癸	炁 十三

雁行序宮

宿	子	丑	寅	卯	辰
奎	水 一 〡	火 二 〢	土 三 〣	訖 四 〤	紫 五 〥
婁	火 十二五二 〤○○○○	土 十二七二 〥○○○○	訖 十一七二 〥○○○○○	紫 十七二 〡	文 九十二 〢○
胃	土 三四十 〥○○	訖 四五十 〦○○	紫 五六四 〣○○○	文 六七四 〤○○○	武 七八四 〥○○○
昴	訖 四七七 〤○	紫 五七七 〢○	文 六十六 〣○	武 七七七 〤○	陰 八三三 〥○
畢	金 五 〦○○	木 六 〦○○	水 七 〧○○	火 八 〣○○○	土 九 〤○○○
觜	木 六 〧○○○○	水 七 〧○○○○	火 八 〥○○○○○	土 九 〧○○○○	訖 十 〧○○

官相二恙

亥	戌	酉	申	未	午	巳
川才绪才相 羅 十二 午	孛 十一 子	才相恙 石 炁 十 午	巨 九 子	正才相 陽 八 午	陰 七 子	武 六 午
計 十三 未	羅 十二 丑	孛 十一 未	炁 十 丑	巨 九 未	陽 八 丑	陰 七 未
金 十四 申	計 十三 寅	羅 十二 申	孛 十一 寅	炁 十 申	巨 九 寅	陽 八 申
木 十五 酉	金 十四 卯	計 十三 酉	羅 十二 卯	孛 十一 酉	炁 十 卯	巨 九 酉
金 十六 戌	計 十五 辰	羅 十四 戌	孛 十三 辰	炁 十二 戌	巨 十一 辰	陽 十 戌
炁 十七 亥	巨 十六 巳	陽 十五 亥	陰 十四 巳	武 十三 亥	文 十二 巳	紫 十一 亥

才祀官才相
相

纳音宫

年干所屬

翌
軫
角
亢
氐 残才遲相
房 官绪残相

活绪摟相

才祀相

子	丑	寅	卯	辰
水 一甲	火 二乙	土 三丙	誋 四丁	紫 五戊
火 二丙	土 三丁	誋 四戊	紫 五己	文 六庚
悉 一戊	巨 己	羅 七庚	計 十一辛	金 二壬
孛 十一庚	羅 十二辛	計 十三壬	金 十四癸	木 十五甲
悉 二壬	孛 三癸	羅 四甲	計 五乙	金 六丙
羅 四子	計 五丑	金 六寅	木 七卯	水 八辰

巳	午	未	申	酉	戌	亥
文 六六一	武 七七一	陰 八三一	陽 九五一	巨 十三〢二	炁 十四三〢	孛 十五〤三
武 八〣三	陰 七〤三	陽 六〥三	巨 五〢三	炁 四〢三	孛 三〢三	羅 二〥三
陰 八〥四	陽 九〦五	巨 十〢五	炁 十一〢五	孛 十二〢五	羅 十三〥五	計 十四〢六
陽 九〧二	巨 十〢六	炁 十二〥三	孛 十二〥九	羅 十三	計 十四	金 十五
武 十	紫 十一	文 十二	武 十三	陰 十四	陽 十五	巨 十六
紫 十一	武 十二	武 十三	陰 十四	陽 十五	巨 十六	炁 十七

才官相冲

才論官相下仝

星	子	丑	寅	卯	辰
	才正官相 官正才相				
	川官續官相 川才續才相	正官相		川官緒官相	
參	火 一子	土 二午	訖 三子	紫 四午	文 五子
井	土 二丑	訖 三未	紫 四丑	文 五未	武 六丑
鬼	訖 三寅	紫 四申	文 五寅	武 六申	陰 七寅
柳	紫 四卯	文 五酉	武 六卯	陰 七酉	陽 八卯
星	訖 五辰	紫 六戌	文 七辰	武 八戌	陰 九辰
張	木 六巳	水 七亥	火 八巳	土 九亥	訖 十巳

巳	午	未	申	酉	戌	亥
	○○○○○		○○○○○○		正才相念句	庶才座句
土九 午	訖十 子	紫十一 午	文十二 子	武十三 午	陰十四 子	陽十五 午
訖十二	紫十三	文十四	武十五	陰十六	陽十七	巨十八 未
木十六	水十七	火十八	土十九	訖十三	紫十四	文十五 申
火七	土八	訖九	紫十	文十一	武十二	陰十三 酉
火十	土十一	訖十二	紫十二	文十三	武十二	陰十三 戌
土九 亥	訖十 巳	紫十一 亥	文十二 巳	武十三 亥	陰十四 巳	陽十五 亥

十

虛危室壁奎婁

夫婦同相

才官相同

子	丑	寅	卯	辰
	○○丸		○○○	○○○○
金 一 子	木 二 午	水 三 子	火 四 午	土 五 子
木 二 丑	水 三	火 四	土 五	諸 六
炁 三 寅	孛 四	羅 五	計 六	金 七
陰 四 卯	陽 五	巨 六	炁 七	孛 八
羅 五 辰	計 六	金 七	木 八	水 九
計 十七 巳	金 十六 亥	木 十五 巳	水 十四 亥	火 十三 巳

巳	午	未	申	酉	戌	亥
文 六 己	武 七 庚	陰 八 辛	陽 九 壬	巨 十 癸	炁 十一 甲	孛 十二 乙
武 七 辛	陰 八 壬	陽 九 癸	巨 十 甲	炁 十一 乙	孛 十二 丙	羅 十三 丁
木 二 癸	水 五 甲	火 八 乙	土 十二 丙	計 五 丁	紫 六 戊	文 九 己
水 十六 乙	火 十七 丙	土 十八 丁	計 十九 戊	紫 十三 己	文 十四 庚	武 十五 辛
木 七 丁	水 八 戊	火 九 己	土 十 庚	計 十一 辛	紫 十二 壬	文 十三 癸
火 九 巳	土 十 午	計 十一 未	紫 十二 离	文 十三 擾乱	武 十四 起才	陰 十五 仝

文

宮詢

才相産勾

心尾箕斗牛女

坤命生子相属

正念庶才勾

○○勾　○○○

子	丑	寅	卯	辰
計 四 子	金 五 午	木 六 子	水 七 午	火 八 子
金 十五 丑	木 十六	水 十七	火 十八	土 十九
炁 三 寅	孛 五	羅 五	計 十四	金 十五
羅 二 卯	計 三	金 四	木 五	水 六
羅 五 辰	計 六	金 七	木 八	水 九
計 三 巳	金 五 亥	木 六 巳	水 九 亥	火 十 巳

二

巳	午	未	申	酉	戌	亥
	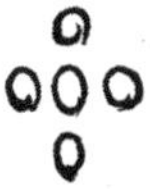		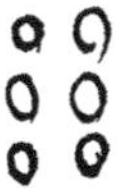			
龍 六 午	紫 七 子	文 八 午	武 九 子	陰 十 午	陽 十一 子	巨 十二 午
紫 七	文 八	武 九	陰 十	陽 十一	巨 十二	烝 十三 未
木 八	水 九	火 十	土 十一	龍 十二	紫 十三	文 十四 申
水 九	火 十	土 十一	龍 十二	紫 十三	文 十四	武 十五 酉
土 十	龍 十一	紫 十二	文 十三	武 十四	陰 十五	陽 十六 戌
龍 十一 亥	紫 十二 巳	文 十三 亥	武 十四 巳	陰 十五 亥	陽 十六 巳	巨 十七 亥

申 官正才宮 鬼柳星張翌軫

才刻相

坤命屬相時刻

子	丑	寅	卯	辰
○○ 丸		○○○		○○○○
木 一 子	水 二 午	火 三 子	土 四 午	炁 五 子
水 二 丑	火 三	土 四	炁 五	紫 六
木 三 寅	水 四	火 五	土 六	炁 七
孛 四 卯	羅 五	計 六	金 七	木 八
羅 五 辰	計 六	金 七	木 八	水 九
計 六 巳	金 七 亥	木 八 巳	水 九 亥	火 十 巳

亥	戌	酉	申	未	午	巳

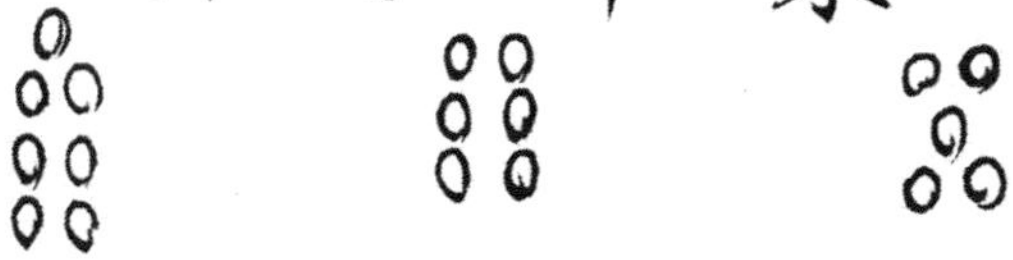

巨	陽	陰	武	文	紫	訖
午 十二	子 十一	午 十	子 九	午 八	子 七	午 六
炁	巨	陽	陰	武	文	紫
未 十三	十二	十一	十	九	八	七
武	紫	訖	土	火	水	木
申 十四	十三	十二	十一	十	九	八
土	火	水	木	金	計	羅
酉 十五	十四	十三	十二	十一	十	九
陰	武	文	紫	訖	土	火
戌 十六	十五	十四	十三	十二	十一	十
陽	陰	武	文	紫	訖	土
亥 六	巳 七	亥 八	巳 九	亥 十	巳 十一	亥 十二

卜

文

川才緒才

胃昴畢觜參井

刻剋才緒才相

子	丑	寅	卯	辰
○○ 丸		○○○		○○○○
金 一 子	木 二 午	水 三 子	火 四 午	土 五 子
木 二 丑	水 三	火 四	土 五	訖 六
炁 三 寅	孛 四	羅 五	計 六	金 七
孛 四 卯	羅 五	計 六	金 七	木 八
計 五 辰	金 六	木 七	水 八	火 九
金 六 巳	木 七 亥	水 八 巳	火 九 亥	土 十 巳

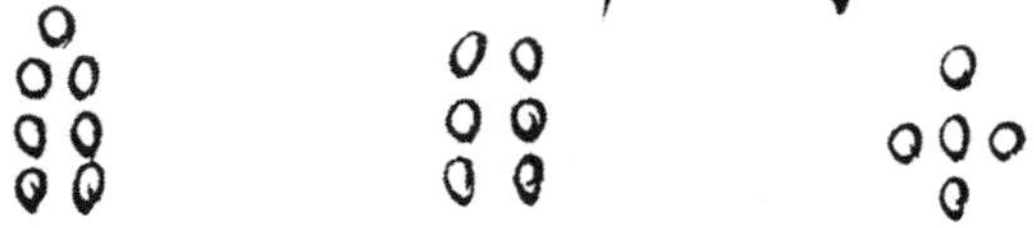

巳	午	未	申	酉	戌	亥
紫 六 午	文 七 子	武 八 午	陰 九 子	陽 十 午	巨 十一 子	炁 十二 午
文 七	武 八	陰 九	陽 十	巨 十一	炁 十二	孛 十三 未
紫 八	文 九	武 十	陰 十一	陽 十二	巨 十三	炁 十四 申
水 九	火 十	土 十一	羅 十二	紫 十三	文 十四	武 十五 酉
火 十	土 十一	羅 十二	紫 十三	文 十四	武 十五	陰 十六 戌
土 十一 亥	羅 十二 巳	紫 十三 亥	文 十四 巳	武 十五 亥	陰 十六 巳	陽 十七 亥

巳

才正官相

角亢氐房心尾

官剋相

后才限作古宮

乾命屬相時剋

子 〇〇 亥丨丸	丑	寅	卯 〇〇〇川	辰 〇〇〇〇川
武 二子	陰 三午	陽 四子	巨 五午	烝 六子
陰 十二丑	陽 十一	巨 十	烝 九	孛 八
武 一寅	陰 四	陽 七	巨 九	烝 二
陽 二卯	巨 三	烝 四	孛 五	羅 六
巨 十四辰	烝 十三	孛 十二	羅 十一	計 十
烝 八巳	孛 九亥	羅 十巳	計 十一亥	金 十二巳

巳	午	未	申	酉	戌	亥	
	○○○○○○		○才限作歲		○才限古歲		
孛 七 午	羅 八 子	計 九 午	金 十 子	木 十一 午	水 十二 子	火 十三 午	
羅 七	計 六	金 五	木 四	水 三	火 二	土 一	未
孛 五	羅 八	計 十	金 五	木 六	水 九	火 十一	申
計 七	金 八	木 九	水 十	火 十一	土 十二	炁 十三	酉
金 九	木 八	水 七	火 六	土 五	炁 四	紫 三	戌
木 十三 亥	水 十四 巳	火 十五 亥	土 十六 巳	炁 十七 亥	紫 十八 巳	文 十九 亥	

IX

才耀榮官

逆上時

箕 陰斗艮逆下時

斗 逆時僕填刻宮

牛 逆斗花接庶才逆時

女 沖官走寡掾前失后守

虛

危 時上才相念匀

太太時刻

賢徳時逆

童僕時刻

夫大妻小時刻

勉夫時刻

女命相沖無子

子 亥	丑 戌	寅 酉	卯 申	辰 未
武一	陰二	陽三	巨四	炁五
陽二	巨三	炁四	孛五	羅六
陽三	巨四	炁五	孛六	羅七
巨四	炁五	孛六	羅七	計八
炁 次 五 川官 緒官	孛 川 六	羅 川 七	計 乂 八	金 ㄍ 九
孛六 才相念匀	羅七	計八	金九	木十

巳 午	孛 午 六	陽 七	计 八	金 九	木 十	水 十一
午 巳	羅 巳 七	巨 八	金 九	木 十	水 十一	火 十二
未 辰	计 辰 八	炁 九	木 十	水 十一	火 十二	土 十三
申 卯	金 卯 九	孛 十	水 十一	火 十二	土 十三	訖 十四
酉 寅	木 寅 十	羅 十一	火 十二	土 十三	訖 十四	紫 十五
戌 丑	水 丑 十一	计 十二	土 十三	訖 十四	紫 十五	文 十六
亥 子	火 子 十二	金 十三	訖 十四	紫 十五	文 十六	武 十七

太陽川月逆行

乾命不死

畢午　觜未　參申　井酉　鬼戌　柳亥

坤命死

日順月逆

子	亥	武 亥 一	陰 二	巨 三	炁 五	孛 六	羅 三
丑	戌	陰 戌 二	陽 三	炁 四	孛 六	羅 七	計 四
寅	酉	陽 酉 三	巨 四	孛 五	羅 七	計 八	金 六
卯	申	巨 申 四	炁 五	羅 六	計 八	金 九	木 八
辰	未	炁 未 五	孛 六	計 七	金 九	木 十	水 五

巳　午	孛六	計七	計八	金九	木十	水十一
午　巳	羅七	金八 ○○○	金九	木十	水十一 寡守 川官 守官	火十二
未　辰	計八	木九	木十	水十一	火十二	土十三
申　卯	金九	水十	水十一	火十二	土十三	炁十四
酉　寅	木十	火十一	火十二	土十三	炁十四	紫十五
戌　丑	水十一	土十二	土十三	炁十四	紫十五	文十六
亥　子	火十二	炁十三	炁十四	紫十五	文十六	武十七

克卯　太陽川月逆相

逆行
室子　乾命不死
壁丑
奎寅
婁卯
胃辰
昴巳

坤命死三
子亥
丑戌
寅酉
卯申
辰未

日順月逆
武一亥　說二　陽三　巨四　炁五　孛六
陰二戌　紫三　巨四　炁五　孛六　羅七
陽三酉　文四　炁五　孛六　羅七　計八
巨四申　武五　孛六　羅七　計八　金九
炁五未　陰六　羅七　計八　金九　木十

巳 午	孛 六 午	羅 七	金 八	木 十	水 十一	火 八
午 巳	羅 七 巳	計 八	木 九	水 十一	火 十二	土 十一
未 辰	計 八 辰	金 九	水 十	火 十二	土 十三	炁 十二
申 卯	金 九 卯	木 十	火 十一	土 十三	炁 十四	紫 十一
酉 寅	木 十 寅	水 十一	土 十二	炁 十四	紫 十五	文 十二
戌 丑	水 十一 丑	火 十二	炁 十三	紫 十五	文 十六	武 十三
亥 子	火 十二 子	土 十三	紫 十四	文 十六	武 十七	陰 十四

陽象　夫陽行宮重　坤命相三

乾命相三
坤

星子　張丑　翼寅　軫卯　角辰　亢巳

日順月逆

子　孛五　陰二　陽三　巨四　土一　訖二

丑　羅七　陽三　巨四　炁五　訖二　紫三

寅　計四　巨四　炁五　孛六　紫三　文四

卯　金八　炁五　孛六　羅七　文四　武五

辰　木九　孛六　羅七　計八　武五　陰六

巳	水十八	羅七	計八	金九	陰六	陽七
午	火十九	計八	金九	木十	陽七	巨八
未	土十一	金九	木十	水十一	巨八	炁九
申	訖十二	木十	水十一	火十二	炁九	孛十
酉	紫十三	水十一	火十二	土十三	孛十	羅十一
戌	文十四	火十二	土十三	訖十四	羅十一	計十二
亥	武十五	土十三	訖十四	紫十五	計十二	金十三

太陽行宮重

坤命相三

氐午 房未 心申 尾酉 箕戌 斗亥

子 土一 孛十三 文四 武五 土六 紫七

丑 羅二 文十二 武五 陰六 羅七 文八

寅 紫三 武十一 陰六 陽七 紫八 武九

卯 文四 陰十 陽七 巨八 文九 陰十

辰 武五 陽九 巨八 炁九 武十 陽十一

巳　陰六　巨八　炁九　孛十　陰十一　巨十二

午　陽七　炁七　孛十　羅十一　陽十二　炁十三

未　巨八　孛六　羅十一　計十二　巨十三　孛十四

申　炁九　羅五　計十二　金十三　炁十四　羅十五

酉　孛十　計四　金十三　木十四　孛十五　計十六

戌　羅十一　記三　木十四　水十五　羅十六　金十七

亥　計十二　紫二　水十五　火十六　計十七　木十八

反

功名

推日時

奎日大作

牛甲　女乙　虛丙　危丁　室戊　壁己

子亥	丑戌	寅酉	卯申	辰未
紫 一 乙	文 二 甲	武 三 癸	陰 四 壬	陽 五 辛
文 二 丁	武 三 丙	陰 四 乙	陽 五 甲	巨 六 癸
武 三 己	陰 四 戊	陽 五 丁	巨 六 丙	炁 七 乙
陰 四 辛	陽 五 庚	巨 六 己	炁 七 戊	孛 八 丁
土 五 癸	計 六 壬	紫 七 辛	文 八 庚	武 九 己
木 六 乙	水 七 甲	火 八 癸	土 九 壬	計 十 辛

廿

巳	午	巨 庚六	炁 壬七	孛 甲八	羅 丙九	陰 戊十	紫 庚十一
午	巳	炁 己七	孛 辛八	羅 癸九	計 乙十	陽 丁十一	文 己十二
未	辰	孛 戊八	羅 庚九	計 壬十	金 甲十一	巨 丙十二	武 戊十三
申	卯	羅 丁九	計 己十	金 辛十一	木 癸十二	炁 乙十三	陰 丁十四
酉	寅	計 丙十	金 戊十一	木 庚十二	水 壬十三	孛 甲十四	陽 丙十五
戌	丑	金 乙十一	木 丁十二	水 己十三	火 辛十四	羅 癸十五	巨 乙十六
亥	子	木 甲十二	水 丙十三	火 戊十四	土 庚十五	計 壬十六	炁 甲十七

奎日大作

推日時

	子 亥	丑 戌	寅 酉	卯 申	辰 未
奎 庚	紫 十二 丁	文 十一 丙	武 十 乙	陰 九 甲	陽 八 癸
婁 辛	文 二 己	武 三 戊	陰 四 丁	陽 五 丙	巨 六 乙
胃 壬	武 三 辛	陰 四 庚	陽 五 己	巨 六 戊	烝 七 丁
昴日 癸	陰 四 癸	陽 五 壬	巨 六 辛	烝 七 庚	孛 八 己
畢	土 五	誋 六	紫 七	文 八	武 九
觜	誋 六	紫 七	文 八	武 九	陰 十

礶杓池宮

礶志十二度

十二度廿四度

礶戲行宮

巳	午	未	申	酉	戌	亥
午	巳	辰	卯	寅	丑	子
巨 壬七	炁 辛六	孛 庚五	羅 己四	計 戊三	金 丁二	木 丙一
炁 甲七	孛 癸八	羅 壬九	計 辛十	金 庚十一	木 己十二	水 戊十三
孛 丙八	羅 乙九	計 甲十	金 癸十一	木 壬十二	水 辛十三	火 庚十四
羅 戊九	計 丁十	金 丙十一	木 乙十二	水 甲十三	火 癸十四	土 壬十五
陰 十	陽 十一	巨 十二	炁 十三	孛 十四	羅 十五	計 十六
陽 十一	巨 十二	炁 十三	孛 十四	羅 十五	計 十六	金 十七

登提行宮

上下安命

		子	丑	寅	卯	辰
參		文 一子	武 二午子	陰 三子卯	陽 四卯辰	巨 五子丑
井		武 二丑子	陰 三未子	陽 四丑卯	巨 五丑卯	烝 六子丑
鬼	后玉堂	陰 三子	陽 四子	巨 五寅卯	烝 六卯	孛 七子丑
柳	玉堂	陽 四午	巨 五午	烝 六酉	孛 七酉	羅 八午
星	玉堂	陰 五午	陽 六午	巨 七酉	烝 八酉	孛 九午
張 年	玉堂	祿 六午	紫 七午	文 八酉	武 九酉	陰 十未

巳	午	未	申	酉	戌	亥
炁 六 子丑	孛 七 卯辰	羅 八 卯辰	計 九 子未	金 十 酉	木 十一 戌亥	水 十二 戌亥
孛 七 子午	羅 八 丑辰	計 九 卯辰	金 十 子酉	木 十一 午辰	水 十二 戌亥	火 十三 戌亥
羅 八 子丑	計 九 丑辰	金 十 卯辰	木 十一 子辰	水 十二 午丑	火 十三 五	土 十四 金帶
計 九 午未	金 十 酉戌	木 十一 酉戌	水 十二 卯辰	火 十三 酉丑	土 十四	[illegible] 十五 金支
羅 十 午未	計 十一 酉戌	金 十二 酉戌	木 十三 戌	水 十四 戌	火 十五 玉	土 十六 玉
陽 十一 午未	巨 十二 酉戌	炁 十三 酉戌	孛 十四 戌	羅 十五 戌	計 十六 五	金 十七 宗

仁

吐宮須行		子	丑	寅	卯	辰
翼	巨	紫一	文二	武三	陰四	陽五
軫	收	文二	武三	陰四	陽五	巨六
角	壯	金三	木四	水五	火六 㐅	土七
亢	殺	木一	水三	火五	土七	諸九
氐	刑	金十二	木十一	水十	火九	土八
房	判	文四	武五	陰六	陽七	巨八

巳	巨六	炁七	禄八	紫二	禄七	炁九
午	炁七	孛八　川	紫九	文四	紫六	孛十
未	孛八　川	羅九	文十	武六	文五	羅十一　三
申	羅九	計十	武十一	陰八	武四	計十二
酉	計十	金十一	陰十二	陽十二	陰三	金十三
戌	金十一	木十二	陽十三	巨十一	陽二	木十四
亥	木十二	水十三	巨十四	炁十二	巨一	水十五

廿三

年

吐宮接前

		子	丑	寅	卯	辰
心（命宮吐壽）	〣〦	火	土	訖	紫	文
		二	三	五	十四	十五
尾	〣〣	土	訖	紫	文	武
	四	甲 五	乙 六	丙 七	丁 八	戊
箕	〢〦	金	木	水	火	土
	三	丙 四	丁 五	戊 六	己 七	庚
斗	〣〣	木	水	火	土	訖
	四	戊 五	己 六	庚 七	辛 八	壬
牛	〢〤	水	火	土	訖	紫
	五	庚 六	辛 七	壬 八	癸 九	甲
女	〢〢	火	土	訖	紫	文
	六	壬 七	癸 八	甲 九	乙 十	丙

巳	武十六 文	陰九 己	紫八 辛	紫九 癸	文十 乙	武十一 丁
午	陰十七	陽十 庚	紫九 壬	文十 甲	武十一 丙	陰十二 戊
未	陽十八	巨十一 辛	文十 癸	武十一 乙	陰十二 丁	陽十三 己
申	巨十九	炁十二 壬	武十一 甲	陰十二 丙	陽十三 戊	巨十四 庚
酉	炁十	孛十三 癸	陰十二 乙	陽十三 丁	巨十四 己	巨十七 辛
戌	孛十一	羅十四 甲	陽十三 丙	巨十四 戊	炁十五 庚	炁十五 壬
亥	羅十二	計十五 乙	巨十四 丁	炁十五 己	孛十六 辛	孛十二 癸

以

父子登科

子 ○○○丸 丑 寅 卯 辰

虛 危 室 壁 奎 復洋出学 婁

乾句半 乾科 父半子賢 迷半 乾句 二半

句半 后明倫刻 同科

土一 ○○○丸 孤二 ○○○○丸 金三 孛四 ○○○丸 水五 ○○○丸 火十二

孤二 紫三 木四 羅五 火六 土十一

紫三 文四 水五 計六 土七 孤十

文四 武五 火六 金七 孤八 紫九

武五 陰六 土七 木八 紫九 文六

巳	陰六	陽七	誥八	水九	文十	武七
午 日洋勾登 ○○○丸	陽七 ○○○○丸	巨八 祖汗八勾桂 ○○○丸	紫九	火十 ○○○○丸	武十一 ○○○○丸	陰六
未	巨八	炁九	文十	土十一	陰十二	陽五
申	炁九	孛十	武十一	誥十二	陽十三 ○8	巨四
酉	孛十	羅十一	陰十二	紫十三	巨十四	炁三
戌	羅十一	計十二	陽十三	文十四	炁十五	孛二
亥	計十二	金十三	巨十四	武十五	孛十六 日金 勾桂	羅一

114

相

斌姑逆時	子 亥	丑 戌	寅 酉	卯 申	辰 未
胃 下時 斌姑同上 将	土 一	訖 二	紫 三	文 四	武 五
昴 下時 前監后姑 戊	計 二 将	金 三 侯	木 四 帥后全	水 五	火 六
畢 內宮順時 上	金 三	木 四	水 五 全	火 六	土 七
觜 武学歌舞	木 四 ○○九	水 五 川	火 六 文	土 七 女	訖 八
參 術藝逆時	火 五	土 六	訖 七	紫 八	文 九
井	土 六	訖 七	紫 八	文 九	武 十

巳 午 陰六 土七 諕八 紫九 武十 陰十一
午 巳 陽七 諕八 紫九（冠紫） 文十 陰十一 陽十二
未 辰 巨八 紫九 文十 武十一 陽十二（舞） 巨十三
申 卯 炁九 文十 武十一 陰十二 巨十三 炁十四
酉 寅 孛十 武十一 陰十二 陽十三 炁十四 孛十五
戌 丑 羅十一 陰十二 陽十三 巨十四 孛十五 羅十六
亥 子 計十二 陽十三 巨十四 炁十五 羅十六 計十七

文

干戈逆時

子	丑	寅	卯	辰
亥	戌	酉	申	未

農夫逆時

	子	丑	寅	卯	辰
鬼 干戈全上	訖一	紫二	文三	武四	陰五
柳 農田行宮	紫二	文三	武四	陰五	陽六
星 武爵刻宮 以上逆時	訖三 ○○丸	紫四	文五	武六	陰七
張	木四 ○○○丸	水五 乂	火六	土七	訖八
翼 近貴 丁行宮	水五 ○○○丸	火六	土七	訖八	紫九
軫 雁行七石皮 川日 川日	火六 川日	土七	訖八	紫九	文十

巳午	陽六	巨七	陽八	紫九	文十	武十一
午巳	巨七	炁八	巨九 ○○○丸	文十 ○○○丸	武十一 ○○○丸	陰十二 三月
未辰	炁八	孛九	炁十	武十一	陰十二	陽十三
申卯	孛九	羅十	孛十一	陰十二	陽十三	巨十四
酉寅	羅十	計十一	羅十二	陽十三	巨十四	炁十五
戌丑	計十一	氣十二	計十三	巨十四 ○	炁十五	孛十六
亥子	金十二	紫十三	金十四	炁十五	孛十六	羅十七

雁川日月

作

前川日后川月

蛟一 哭 天

角 二 蛟川日

亢 三 貉損揚

氐 四 上 貉望日

房 五 狐傷春

心 六 狐啼日月

尾

雁刻川日月 子

子 ○○丸 炁 三 ○○丸 刻 孛 一 ○○丸 刻 炁 三 ○○丸 刻 火 十五 ○○丸 刻 計 七 ○○丸 刻 金 五

先刻父後刻母

丑 川 孛 四 羅 二 孛 六 土 十四 金 八 木 六

寅 火 羅 五 計 三 羅 九 炁 十三 木 九 水 七

卯 [illegible] 計 六 金 四 計 十二 紫 十二 水 十 火 八

辰 上 金 七 木 五 金 一 文 十一 火 十一 土 九

巳 上	午 の○丸	未 川	申 又	酉 台	戌 上	亥 上
木八	川月 水九 ○○	火十	土十一	計十二	紫十三	文十四
水六	火七少 ○○	土八	計九	紫十	文十一	武十二
木四	水八 ○○	火十	土二	計五	紫八	文九
武十	陰九 ○○	陽六	巨七	炁六	孛五	羅四
土十二	計十三 ○○	紫十四	文十五	武十六	陰十七	陽十八
計十	紫十一	文十二	武十三	陰十四	陽十五	巨十六

川上

三三

前川日后川月

六燕川日月

箕 燕排序宮

斗川日

斗

牛

女

虛 燕序双月

危

辰	卯	寅	丑	子
金 五 ○○○○○	計 四 ○○○○	羅 三 ○○○	孛 二 ○○	炁 一 ○ 斗
木 六	金 五 〤○	計 四 〣○	羅 三 ○○	孛 二 〡○
水 七 〣○○○	木 六 〢○	金 五 〦○	計 四 〥○	羅 三 〤○
火 八 〧○○○○	水 七 〥○○○○	木 六 〦○○○○	金 五 〥○○○○	計 四 〤○○○○
土 九 〥○○	火 八 〤○○○	水 七 〣○○○	木 六 〢○○○	金 五 〧○
炁 十 〦○○○○	土 九 〥○○○○	火 八 〤○○○○	水 七 〧○○○	木 六 〦○○○○

巳	午	未	申	酉	戌	亥
木六	斗川月 水七 斗	火八	土九	詑十	紫十一	文十二
水七	火八	土九	詑十	紫十一	文十二	武十三
火八	土九	詑十	紫十一	文十二	武十三	陰十四
土十一	詑十二	紫十三	文十一	武十二	陰十三	陽十五
詑十	紫十一	文十二	武十三	陰十四	陽十五	巨十六
紫十一	文十二	武十三	陰十四	陽十五	巨十六	計十七

收

坤造 ☷ 〤〣〣〡

宿	度	子	丑	寅	卯	辰
室（分宮官長）	〡度	炁一	孛二	羅三	計四	金五
壁	〡〣度	陰二	陽三	巨四	炁五	孛六
奎	〣〦度	羅三	計四	金五	木六	水七
婁（分宮官小）	〣〢度	計十五	金十四	木十三	水十二	火十一
胃（古宮相連）	〡度	金五	木六	水七	火八	土九
昴		巨六 羅古	炁七 吉防小人暗害	孛八 水作	羅九 官作才古	計十 陽作

卅

巳	木六	羅七	火八	土十	祿十	金十一 火吉
午	水七	計八	土九	祿九	紫十一	武十二 武曲星 官作才吉
未	火八	金九	祿十	紫八	文十二	陰十三 太陰 才吉
申	土九	木十	紫十一	文七	武十三	陽十四 木星吉
酉	祿十	水十一	文十二	武六	陰十四	巨十五 祿作吉
戌	紫十一	火十二	武十三	陰五	陽十五	祿十六 水吉
亥	文十二	土十三	陰十四	陽四	巨十六	紫十七 鮮作合和

三正

才長官宮宮	子	丑	寅	卯	辰
畢 陽 〡度	炁 二	孛 三	羅 四	計 七	金 四
觜 才刻念句 火起 〢度	孛 三	羅 五	計 七	金 四	木 五
參 〡度	計 四	金 七	木 四	水 五	火 十九
井 〢度	金 七	木 四	水 五	火 六	土 七
鬼 〤度	木 七	水 五	火 九	土 十八	氣 十九
柳 〣度	文 六	武 七	陰 八	陽 九	巨 十

文

巳	木五	水十七	土十八	說十九	紫十一	炁十一
午	水六 〇〇丸	火十八 才剋念句 养他人子	說十九	紫十一	說十二	孛十二
未	火七 ミ川	土十九	紫十一	文十二	武十二	羅十三
申	土十九 文	說十三	文十二	武十三	陰十三	計十四
酉	說十二 丨	紫十四	武十三	陰十四	陽十四	金十五
戌	紫十三 卜	文十五	陰十四	陽十五	巨十七	木十六
亥	文十 に	武十六	陽十五	巨十五	炁十八	水十七

班演

梨子行宮	子 亥	丑 戌	寅 酉	卯 申	辰 未
星 桃花行宮	木 五	水 六	火 七	土 八	炁 九
張 道星逆行	孛 二	羅 三	計 四	金 五	木 六
翼 坤徒行宮	羅 四	計 五	金 六	木 七	水 八
上 軫 農庶逆行 重	計 五 三刻	金 六 乂	木 七 台	水 八 ㄥ	火 九 上
星	炁 三	紫 四	文 五	武 六	陰 七
室	巨 一 暗算	奎 △	巨 二 九斗	心 口	巨 四 喪

巳　午
紫十八　水七　火九　土十　陽八　壁口

午　巳
文十九　火八　土十　誂十一　〇　巨九　巨五　埋

未　辰
武十一　土九　誂十一　紫十二　〇〇　奚十

申　卯
陰十二　誂十　紫十二　文十三　〇〇〇　孛十一　昴

酉　寅
陽十三　紫十一　文十三　武十四　〇〇〇〇　羅十二

戌　丑
巨十五　文十二　武十四　陰十五　〇〇〇〇〇　計十三　羅七　九斗

亥　子
奚十七　武十三　陰十五　陽十六　〇〇〇〇〇〇　金十四　文八　小育

卌二

官今古宮

申 酉 戌 亥

室 壁 奎（才今古宮） 婁 胃 昴

武 二 寅午戌
陰 三 亥卯未
陽 四 申子辰
巨 五 巳酉丑

炁 二 寅午戌
詭 三 亥卯未
陽 四 申子辰
巨 五 巳酉丑

巨 [illegible]
炁 四 [illegible]
孛 五 [illegible]

巨 二 [illegible]
炁 五 [illegible]
孛 七 [illegible]
羅 十七 [illegible]

孛 十一 [illegible]
羅 十五 [illegible]
計 十六 [illegible]

炁 五 [illegible]
孛 六 [illegible]
羅 七 九斗
巨 八 小云
巨 十二 公宮

角木蛟

炁

十三　平地忽風起浪淘　此宮不久禍如毛

過亥　風雲之內是英豪　飛騰風雲更勇驍

五度　白衣叫他披錦袍　禍患相侵命運招

過未　煩已煩亡又前照　自然發達顯威豪

十二　這間大數悲難逃　勝似他師遊鄉交

過申　起被寅狹宜亡達　春風桃杏浪滔滔

六度　仲春花開正豔陽　桃杏芬芳滿園香

過亥　桃杏初綻又良辰　子以枝上時豔陽

十二　胸藏文章聖庭去　刺骨懸梁貴心讀

過卯　運臨戊子方稱意　脫却藍衫換紫朱

六度　丑时生人性秉刚　君家膽量更飛高

廿巳　四刻生人不固執　兄弟四人情立体

九度　五湖四海交朋友　縱然有禍不生殃

廿申　十二十四最亨通　满腹文章在胸中

六度　清和男女多夏天　杜宇枝上鬧聲喧

廿辰　堂前丹桂結三子　晚景衣祿久自豐

二度　生辰四月十四日　傳家立業永綿綿

廿子　運臨癸巳吉無邊　时时隨意稱心间

二度　人生浮世百年秋　樓樓只教在壺中

廿丑　財源门庭家業顯　椿萱并茂到白頭

亨

一度　堂前丹桂二枝香　長子孫猴景色強

过子　棠棣花開正芬芳　黃鳥弄巧在柳楊

一度　運交壬辰多吉祥　孫後和生福祿長

过亥　先運何遂入泮去　果然時來鉄也光

九度　昨聞杜宇鳴郊外　數來該絕赴黃泉

过卯　星辰過度多仇難　双双夫對似青松

八度　百年夫婦真佳偶　夫宮孫兔好風光

过未　生辰四月初九日　月鈎斜掛在東墻

五度　双親位上必先去　同根同枝長青黃

过辰　三刻生人傷數強　兄弟四人排妹行

一度　三十五六稱心懷　命主榮華添喜來

過子　生逢六刻先喪父　母喪家計晚更強

四度　大限臨頭天祿盡　回首黃粱命歸天

過申　二親庚相先天定　父是屬牛母羊庚

五度　結髮夫婦恰眠屢　宅主流離各東西

過未　一生安然衣祿足　父屬小龍母屬牛

十三　生辰三月十九日　月將交纏三大梁

過亥　芳年方交三十二　堂奇奇下一丁人

三度　閏二月生十二日　時新景色喜非常

過申　青松翠柏志氣休　逝水滔滔晝夜流

羅

十一　女命生来入空门　看經念佛保全身
過戌　一心不染紅塵事　三清殿下去稱臣
六度　三刻鴻雁過長添　兄弟宮中兩兩双
過午　生逢亥时衣祿綿　心高意傲志氣剛
十一　生辰三月十四日　蚕桑枝頭葉微微
過酉　三十三四主風光　家门康太福祿昌
七度　堂上双親度數由　父是猴兔女是牛
過巳　残花一朵無鮮色　猴羊庚权不利侵
六度　父犬女羊無差错　双双再春似青松
過丑　四刻生来数不周　兄弟四人景悠悠

十度　二十七八大運通　少年的志定成名
过辰　光明正大心同好　總然招禍不成殃
九度　如来佛下書礼拜　不染凡塵半點心
过卯　如命生来入空门　每々經好善意殷勤
十八　千里姻緣赤繩牽　註定殘姻晚配妻
过辰　少年榮華的稱意　動作云為事々宜
九度　生辰正點同正月　二十七日見離形
过卯　命中八字定的清　凶吉禍福總無更
一度　兄弟四人父先去　各自立業另家園
过子　二刻雲雁空南樓　嘆々瀝々過澤流

計

一度　女命生來倚危壁　必主出家拜觀音
過子　衣祿已終黃粱夢　魂魄逍遙入黃泉
十度　天然注定壽命高　壽終之日苦數難逃
過丑　大運交轉喜欣欣　持家立業長精神
五度　常行公道為方便　重義輕財喜合私
過申　申時生人推若何　心正方交朋友多
二度　天乙貴人常相守　貴卷喜煙叔入說
過未　生逢七刻手足強　棠棣蓁蓁盛垂楊
十五　八十四歲光陰盡　身赴幽冥任逍遙
過寅　一生福祿前生定　地久天長永悠悠

十四　闰四月生十七日　胎元落地在红尘
过戌　皈依三宝人向善　澄心炼性在佛门
八度　寿如流水归冬天　遐龄寿享八十三
过未　运至巳亥入贵地　时来果然铁生光
二度　生逢五刻齐眉案　赤绳系足两相知
过戌　语言直道方且正　经财重义四海闻
十度　二十五岁接家业　胸中豪气不能经
过寅　月老主配姻缘　一对鸳鸯交和谐
九度　晚配残姻相免相　无刑无克过百年
过卯　心内太过早入津　养成羽翼待时来

金

三度　春至桃李花正開　何須苦役問青黃
過酉　草木逢春雨盛昌　風吹松柏傲風霜
七度　壽元乃九十零一歲　太陽一時落西川
過巳　人生八字註先天　命宮必定莫虛言
十一　十年寒窗苦勞心　滿腹文章學登飛
過丑　運交戊戌方稱意　名列黌宮在儒林
八度　墻外花枝開六朵　三雙結實著芳名
過未　父母堂前壽璋長　丹桂一枝更出奇
十度　命宮之身坐定何妨　父年方交二十七
過卯　五星纏度理通神　百草萌芽又新春

五度　姻缘前定能偕老　必宜小娶晚配安

过卯　残蕊一朵无鲜色　庆和存留亦百年

十二　天上四时春作首　人间五福寿为先

过子　大限八十方福寿　魂魄逍遥上九天

五度　生辰四月二十九　柔桑芬芳子规啼

过未　辰时生人命宫强　作事敢为也敢当

十二　姻缘定数非先天　重娶佳偶又新年

过亥　闰正月生初三日　身出阳世是胎元

五度　十年寒窗苦用功　丙申运至大亨通

过辰　名列黉宫身入泮　腰蓝换紫耀门庭

木

六度
父年方交二十五
丹桂堂前贵子生

过巳
二十一二福禄至
家门康太事亨亨

四度
和风甘雨润花蕊
结成五果味更佳

过申
闰正月生初七日
父母堂前添喜客

十一
运至丁酉文业成
门庭改换主峥嵘

过丑
身入津水显荣贵
光宗耀祖新家风

十二
待时得遂青云志
方传儒业有大名

过子
一生种财又重义
皆因生逢年时间

六度
长子若立于亥位
必有五子如雁行

过辰
闰正月生十二日
父母堂前喜气扬

九度　寅时生人異味長　抑強扶弱美名揚

过午　重義輕財好朋友　作事敢為也敢當

十度　父母如羊双配就　福如东海壽比山

过酉　命中註定壽命佳　先天推算七十八

七度　八字生就百事周　父乃属狗母属牛

过巳　五行註定姻緣理　福禄滔滔水东流

三度　十五十六学業揚　寬下用功気文章

过丑　兄妹羽翼撐斗柱　福禄学業壽年強

三度　初夜生在乾陽天　氣象清和景色鮮

过寅　生辰四月二十四　福壽重齊孫子笑

水

十度 十七十八正年芳 胎疾豪業入貴叱

过未 寒窗勤苦經史義 少年立志事業昌

十度 二親同庚難年杖 双双長壽福祿齊

过酉 北風凜凜透天閣 瑞氣飄飄沖山川

七度 人生浮世百年秋 父母屬狗必屬牛

过巳 金玉滿堂多進益 晚景海屋添數籌

五度 棠棣花開正秀芳 兄弟四人兩參商

过丑 星辰過度再不正 時刻定能不差移

三度 少年同志世罕有 衣祿盈門自趁心

过卯 南國花開正四株 長子孫接福祿出

十四 丹桂堂前三枝挪 雨露生来百花开

过戌 欲知长子何庚扣 宝星孙兹降麟埃

二度 闰九月生初十日 菊花开放景芬芳

过子 三刻生人姻缘正 岐山彩凤配鸾凰

六度 一对宾鸿游天涯 兄弟三人各持家

过亥 夕阳梦里半夜天 莺声燕语子规还

七度 男女宫中先天定 丹桂庭前三子林

过申 欲知长子何庚扣 命宫孙枸福禄增

五度 吾宽出众志更坚 圣贤经史共钻研

过丑 壬子运临得遂志 果然身步凤凰池

火

一度 先天註定居主公 京商客旅是寅卯
过亥 又利人來又利己 經商路上有芳名
十四 生辰四月十八日 桑椹蓁蓁黃鳥鳴
过戌 雞逢金菊朵朵黃 丹桂孫子吐芳香
七度 星辰过度空亡间 金烏玉兔似梭穿
过午 二親原有無差錯 父命屬狗母屬牛
八度 添來命逢天乙生 出入合和得安寧
过未 男女逢之添吉祥 經營買賣事事通
九度 生逢三刻定時孫 丈夫屬兔永百年
过卯 妃共正配同作伴 共枕同衾兆等閒

一度　一枝丹桂雲有立　父年生尔二十三

过子　命宮子且為有空　可喜生双家業興

十二　自古人生皆要勤　父是孫羊必孫亂

过申　有必陰隲陰功大　寒山草木又青春

十四　茂盛老葉而更新　父命孫獲福祿臻

过戌　方知妻兒是亂相　寒山艸木又更新

四度　寒江獨釣歸來晚　夕陽回首一夢中

过寅　八字生來命中排　刑男剋妻見悲哀

一度　養子不能送終老　多生悽惶淚橫腮

过午　運至庚辰命高強　才學滿腹姓名揚

土

四爻 生辰四月初八日 南園桃李正清秀

過未 雁過南樓雲中鳴 閏九月中初五生

五爻 父年方交二十四 生尔門前掛矢弓

過卯 命宮子息是前定 長子孫大能立業

十六 生辰四月十三日 繞宅祥雲鴻雁鳴

過亥 金風飄飄過重陽 雁過南門思鄉以

十三 青山綠水任悠悠 自古滔滔不能流

過酉 父命原來數難和 慈母數亂壽百秋

四爻 八字生來註先天 削髮為僧結善緣

過子 禪心不空凡心勝 返入俗門會紅顏

十二　雨後梅花逢新春　父訖以亂訂的真

過申　清風明月乳坤大　楊柳枝頭歲月涼

十四　父生以火先剋去　子且生水方保壽

過戌　春風拂柳萌芽　枯竹影裏新筍發

四度　金水相逢五辰剋　兄弟三人同一根

過未　堂上雙親以先去　父守孤衾自沈吟

三度　八字先天定的真　身在卯宮犯孤辰

過卯　命中原是出門客　半夜還借彩紅裙

五度　百花逢春枝葉青　飛出喬芳子規鳴

過辰　閏二月生二十六　父以壽前建宗生

龍

八度 生辰四月初三日 洞房花吐子初出
过辰 二刻配定姻缘事 恰似花开带雨时
五度 星宿过度定其间 五星命里不虚去
过未 父是属龙母属马 天长地久永百年
七度 六十九岁天禄终 一梦阳台正荒郊
过亥 先宗耀祖人争羡 不忘宽下苦用功
二度 就在星辰过丑游 二亲原相父属牛
过丑 父是属马先天定 暮景荣华乐悠悠
七度 流年东游实难逃 马逢濟涧度过桥
过巳 枝头花落六十六 黄粱一梦赴阴曹

五度　人生天地無差錯　命宮註定已先知

廿丑　若問父身何日降　父年方交三十一

十三　三十三四主風光　家門康太福祿昌

廿申　生成造化總由天　姻孫後嗣能保然

十度　生辰三月十二日　棠棣芬芳色更鮮

廿午　四刻生人棠棣芳　兄弟三人必先亡

十三　鴻雁南飛還自上　各自里親淚汪汪

廿辰　花落枝頭難見日　一命歸陰永無蹤

二度　命逢七九六十三　凶星纏身疾病綿

廿子　辭別陽世歸陰路　魂魄逍遙赴九泉

紫

六亥　紫过寅宫入馬宫　星宿分離空自清
过寅　父命殊屬必是馬　百年恩愛永安寧
五亥　人生若問妻何年　恰似桃花開更鮮
过丑　五星空命細推詳　紫微入戌喜欣〻
十五　時值秋景正中元　金風吹動萬家鮮
过巳　秋風鴻雁哀聲鳴　兄弟三人各不同
十四　生年逢三刻必先去　父守孤〻冷清〻
过戌　朔風香雪過仲冬　菊花凋殘松柏青
十一　生辰三月十八日　暮景悠〻好風光
过卯　月下青〻於寒蛩噪　閏十月廿五日生

一度　運至中年漸漸佳　八字生來居光明
過申　閏正月生十六日　限遇上元又春風
六度　大運流來到正寅　助夫望子興家門
過午　春雨當然萋花照　十年之內百福增
十二　綠柳丹丹與松齊　百花開放自芳菲
過戌　鶴飛枝上風吹動　生辰三月初三日
十一　父命屬兔安終享　母壽屬鼠福祿興
過未　辛居清風明月在　如同楊柳遇春風
十二　申時交合三刻中　父兆如丈保安寧
過子　妻宮生子兆丈為榮　兄弟四人你三名

文

五度 習習和風煖煖天 桃李花開香滿園

过丑 閏二月生初一日 困龍抬頭又上天

七度 大限來時難逃躲 魂魄悠悠赴九泉

过午 秋風鴻雁高聲鳴 兄弟三人各不同

十度 運逢申位悶懨懨 疾病口舌不可免

过未 粧名懶散無心緒 塵掩菱花減容顏

九度 生辰三月十八日 暮景悠悠好風光

过卯 妻宮土木不剋去 子息火土方保然

十一 乾坤交泰喜無邊 父命屬和如亂手

过亥 雙親承蒙天神祐 蘭桂騰芳百福進

八宫　辰时二刻主刑冲　父坐以土父先终
过午　妻宫水火不相害　子立水火得安宁
十度　四刻生人業禄旁　兄弟宫中存三強
过申　二親堂前先去父　鸿雁南高過田坳叹
十五　朔风陈陈仲冬天　滴水为冰透骨寒寒
过辰　闰十月生初五日　静坐寒寒蛩噪声喧
五度　父母孙孫安然樂　必命马相百年安
过子　妃央家头宿江畔　双双月月得安然
九度　红叶题诗水逐流　生逢五刻亥奇猴
过寅　今生二姻子孙奇生空　四世之の爱飞弦来

武

三度 父年方交一十四 此年生尔在人之

过巳 弟兄性另生子息 门庭喜气有福臣

十三 运行丁卯为吉祥 泮水池畔早生香

过卯 他日定作折枝客 插花宫苑胜名扬

七度 孫孫分定男女宜 今年早为父母荣

过丑 父亲今年方十五 丹桂枝上子初结

十一 日落夕阳归去晚 忽然魂魄赴幽冥

过酉 并蒂莲花遇暴风 一对妃安共和鸣

十度 生身逢六刻气象新 兄弟六亲中为三人

过未 父亲一定先赴去 母亲孤单百岁寿

五度　一生福禄分生定　天长地久百年秋
过子　妃妾朱双缘水畔　荷花色美宝芝兰
十度　一对鸳鸯望天涯　兄弟三人宿盖花
过戌　生逢二刻先去父　慈母孤孀自持家
七度　花柳台前过夜天　燕子双〻画梁间
过卯　生辰四月二十八　晚景福寿自然安
六度　四刻配定阴阳时　一对妃妾相和鸣
过辰　古天相配猕猴相　月冬〻夜空不飞翅
十度　阴阳数定总天恩　元宵佳节和气新
过未　闰正月生初一日　命逢阳世见人间

陰

十二　卯时二刻定命宫　子主土木气象荣

过卯　妻宜火土共家计　父母木水用相生

五亥　今日得家遂驿梁志　明伦堂上姓名扬

过巳　已来重逢见太阳　主人一世寿高强

八亥　翔为她要望秋波　姻缘配就结丝罗

过辰　妻宫庚寅居於席　大漢孔命喜和合

十三　金风将起秋色残　孟冬佳景小春天

过亥　闰九月生三十日　英子清秀得安然

九亥　青春锦至初结子　早生儿郎得清闲

过未　长子於席居底柝　晚景福禄更无双

亢金龍

炁

曲雲吐霧報春風
未时必遇主人翁
平地波濤涌勢宏
宦河浅返水難通
便向衣生不[illegible]路
各ミ對面主拒伸
五星定命先長留
生剋制化五行理
三十七八最為良
出入所為皆順利

不久之时主見凶
駕霧與雲碧玉峰
定是機謀出困窮
大地山河顯一功
貪財名疾只盈豐
生昧鼓項求明宮
一親庚相注中求
父命屬蛇母屬猴
祿馬同宮命元強
喜氣盈门百福昌

亢金龍

六度 春光桃李枝葉茂 風吹葉落隨水東流

過未 四野花開壓生果 一聲霹過晚來風

七度 陰入亥宮是北方 宮主夫婦不吉祥

過卯 父年三十五上立 命宮過度值何星

九度 百花開放仲春天 紫燕飛來鬧聲喧

過辰 幾度春風幾度開 壽至七十五歲終

二度 秋收梧桐葉落去 果結一去不回程

過子 兄弟四人先去母 各自投奔立根基

三度 父年生你三十六 天官獻瑞子初成

過申 心寬膽大氣概雄 一生見禍不成凶

字

四度 堂上双親先去母 晚景福祿足芳榮

過申 兄弟四人先去母 父子含淚受苦情

八度 年至金火官星顯 光宗耀祖換門庭

過丑 魯班為頭作木器 錛錛砍砍度平生

一度 飛禽走獸為食祿 月連化你收生靈

過子 双親位上先去父 母失却扶意悠悠

四度 暮鼓一聲人寂靜 大夢一場赴黃梁

過申 二刻夗央配鉢度 戲舞荷花喜秋水

四度 人生浮如一百年秋 父命屬雞母屬牛

過亥 一生祿馬定高強 七十七歲壽無疆

四十三四称心情　雲收霧散月克明
富貴窮通多差錯　雙親俱是屬猴人
五星纏度理最真　分宮要察世間人
出入利益財源茂　壽命祿位福自生
閏十一月是仲冬　二十一日身降生
福壽松柏耐歲月　名似寒梅吐香清
晉葉黃火去在冬　十年寒窗苦用工
早年求試皆不第　運至戊申入泮宮
雁過天空排成行　兄弟宮中是九人
同氣連枝身居八　生身不是一母親

羅

十一 紫

羅睺过未空亡写　二親位上仔細詳
父命属羊兒猴相　雙雙子壽在高堂
生辰四月二十五　堂上雙親添喜容
排行星來你居七　原来不是一以生
容風秀逸骨数九天　玉石砌路粉桂山
生辰為酉十一月　十六生辰到人間
命中合主入空门　終朝合掌拜觀音
心中俗情叔未了　重新養髮正爲真
紫燕啣泥正新春　时遇和風氣象新
春風花開逐春光　蕊前蕊蕊満園香

七度　星宿过度空世间　父命属狗女猴年

过午　双亲可比松柏景　亥時歸陰酉百年

十六　生逢四刻業祿強　兄弟五人排為行

过戌　二親位上先去父　失却恩情淚成行

八度　新春節正三陽生　靈胎受孕漸生成

过午　童子雙親同歡慶　閏正十三時降生

九度　鴻雁空中任飛舞　左右展翅自翱翔

过寅　兄弟十人你居八　另是一父不一娘

三度　前生甘羅早登第　命該太公得意運

过丑　祇因大運庚戌到　喜氣洋洋入泮池

計

九癸 瑞雪紛紛不時臨 閏十一月見元辰

廿申 二十六日生身體 寒梅開放浩然存

五癸 身宮命中坐寅強 滿腹文章志氣剛

廿子 天生姻緣月老定 福貴榮華在命宮

十五 生逢四刻亥屬狗 白頭到老兩和鳴

廿酉 三刻鴻雁江畔生 草木森森仁義人

九癸 兄弟五人先去父 必見石皮多出門

廿未 生你元辰是何日 父年正是三十七

八癸 妻宮屬馬寔生子 可喜後代更高昌

廿丑 四十五六添年強 財祿宮通大吉昌

罡度　八字生成空合宮　閏正二十八日生
过卯　一枝丹桂自天降　困誌風雨自飛騰
十度　耐寒松柏結成林　浩然尋梅雪侵身
过丙　閏臘月生十六日　季冬將殘盼新春
二度　棠棣枝頭色青黄　兄弟五人排成行
过巳　生逢七刻先去父　失却去公姓名揚
五度　滿堂福祿人欽羨　滔滔福祿百事強
过寅　花開異想結子晚　棠棣休怪月出遲
十一　南極注定壽延多　光陰似箭快如梭
过午　八十七歲光陰終　回首夕陽夢南柯

金

十三　金星入酉最為良　二秋庚相喜榮昌

过酉　父命元辰早難相　慈母一空屬猴以

七度　生你元辰是何日　父年正子三十七

过卯　五十一二私官祿　流年遇此登途路

八度　出入順利百事興　喜氣洋洋生日福

过辰　南極主定有壽星　八十五歲命歸空

一度　辭却人世登仙界　悠悠蕩蕩不回程

过子　空中鴻雁投蕭湘　南北分飛田一切以

九度　富貴分貧賤由天　閏正月生二十五

过申　丹桂庭前添喜氣　门掛新紅矢弓懸

四度　人生若问貌庚相　分庚过度细推详

过卯　度数过卯缠紫微　父兔如虎福禄长

六度　昔日月老配姻缘　妻宫属马保安全

过未　丹桂庭前结五子　百年福禄永团圆

五度　孤星文曲过魔罡　二貌庚相空门晚

过辰　鼠父在堂遗恩乐　慈母属猴百年荣

九度　运行庚子大运通　七八气详详入沐宫

过卯　一枝丹桂天边折　美子清贵足下生

十二　清风明月折桂新　父是属龙虎如貌

过申　星宿现来凑貌相　顺逆运消空人伦

木

三度　季冬將盡彩新正　瑞氣飄飄松柏青

過亥　閏臘月生二十一　靈胎落地晚年生

十二　父命年庚生在寅　母親屬虎是同庚

業木　遐齡可比松柏景　傲霜斗雪更長清

十四　五十五六壽重加　進財添喜有餘慶

過卯　所謀官事也吉利　仕途升官喜氣逢

四度　大運交辰身不寧　災殃疾病煩惱生

過午　持家主計多心侍　又惹麻煩事來驚

十度　命元長短造化分　松柏青青歲月深

過寅　八十八歲天祿盡　辭却人世命歸陰

十歲　風和霎霎林園發　物色揚名步步花
過辰　生辰原是閏二月　靈胎產地正十八
九歲　祖上和諧九十春　富貴榮華出後君身
過申　北斗星宿註死生　壽享九十二歲終
十の　鹿至園場偏逢網　陽台夢斷一場空
過子　星宿斗轉論命言　時刻不差古今同
九歲　註定二年節庚相　乃命屬猴父母說
過未　雷動中天起卧龍　春雨紛紛萬物生
の歲　流年臘月不榮昌　口舌是非惹幾場
過卯　若無官事多災病　交立春時保安康

水

八度 春風桃杏花正開 鸞交鳳結會蘭台

過辰 妻宮屬鼠生六子 舉案齊眉百福來

五度 命中註定壽年高 光陰似箭雪花飄

過丑 八十九歲光陰盡 難免無常臥荒郊

一度 生辰三月二十日 父母堂前添喜容

過子 東風吹綻桂花香 荷花出水又生香

十三 棠棣花開百[illegible] 兄弟五人不成雙

過未 生逢五刻先克母 雁行分飛過長江

十六 雪影天邊九度秋 二親庚桐在茲求

過酉 父命以屬牛安然樂 母命以來未是屬猴

九爻 三刻配合美姻緣 一對夘央共的安
过巳 洞房花燭團圓會 十六宮是地永古年
九爻 正次二恩生寶強 命中孤硬不尋常
过丑 若能參玄拜佛教 必須歷命兩層娘
十三 尾星纏[illegible]过辰宮 人間親相空的明
过酉 這是五日生玄妙理 也命原雖父是說
十二 十三十四為利益 進來求姻伴々六
过申 出入經營財源旺 福壽雙全不須疑
十爻 寶梅喜信松柏青 鮮花綻開色更濃
过丑 生辰正閏十一月 初七生你是人說

火

八亥 八字生在五行中 暮景堂前丹桂荣

过辰 闰十一月初一日 父母生你应罴熊

十一 堂上家君本属猴 母亲属虎配得周

过未 生产人说传没世 绿水青山几千秋

九亥 生身立命在人间 父是属猴母兔年

过辰 南山万々寿人难比 清风明月好安闲

十二 松柏耐寒仲冬青 梅花开放色更浓

过申 闰十一月初二生 麒麟儿降生在家庭

十五 喜逢梅早花开遍 运不通来且待时

过亥 运行丙辰方遂意 命入蟾宫玉津池

十二 十七十八氣象佳 添財進喜晉與榮

廿甲 雁行排來你居四 根本相同又要強

十五 撥亂星入命不安 孫發夫妻冷眼看

廿子 計星入國不明朗 宮主浩離各一天

十二 乙亥生人返喜長 丑郎火命宮高強

廿辰 七十四歲仙逝去 庚牛之年樊喜梁

六亥 分宮過度宮吉祥 漢漢晉喜來高堂

廿辰 生逢四刻宮姻緣 孫成朱陳牛女歡

十五 兄弟六人你居四 中間必有石沒身

廿卯 命宮星宿兩參商 孫發不同淚汪汪

土

十一度
五星註空造化根
兄弟十一莫同真

過辛
雁行推來君居末
雖不同母一脈生

十四
運行丁巳最為良
求名利益俱吉祥

過戌
科役同貴游泮水
光宗耀祖顯門庭

四度
寒風數九梅更佳
松柏長青不讓他

過酉
戊午運臨不要驚
泮水先游姓名揚

九度
今朝果遂寵恩去
名登賞宮步倫會

過巳
三刻生人水上游
夫主屬蛇到白頭

十六
五星空合泄天機
星宿纏宮過度遲

過丑
註定人間兩親相
父是屬狗母屬雞

十度　八字生来吉星临　父是丙庚必兔身
过卯　人生富贵天造定　清风明月野濃信
十度　先天註定理最玄　身宫坐定尾星緾
过午　幼年若犯二[illegible]養　不剋父母已難安
八度　大運流转到巳宫　凡事作為不稱情
过戌　财源不茂人生病　梳台懶對理檯容
五度　问你姓张又姓李　兩姓壓命免剋刑
过酉　家门不利身不稳　懶向梳台多驚慌
九度　丁卯爐中火命生　壽異南山不相同
过未　七十二年加一朵　黄粱一枕命帰去

龍

十二　竹影梅花花滿堂　朔風凜凜雪共飄

逢卯　閏臘月生十二日　季冬數九盼三陽

十一　孫枝冉冉宇宙春　父母早來色以親

逢巳　春光景色清如水　試看長生不老人

十癸　二十八九家門旺　榮華富貴天上降

逢申　出入通達添財喜　和謀官幹也為上

八癸　命中八字定[illegible]為　仲春佳景降吉祥

逢辰　閏正月生二十九　庭前再種起春光

八癸　松柏翠竹耐歲寒　朔風透戶盼新年

逢丑　梅花將春正月發　臘月十七降人間

五度　女命生來八字清　天月二德在其中
过丑　生逢時刻夫人命　恩榮百世受皇奉
六度　閏正月生初五日　丹桂庭芳顯係陰
过巳　棠棣開花色正鮮　兄弟十人一排連
八度　生此不同你居長　福祿榮昌一脈傳
过未　陽春柳線正芳榮　姻緣天配自然成
二度　畫梁燕子作對行　姐妹二人一般同
过丑　父命一定先去世　此命長壽似青松
十一　四十七八流年通　百般和順稱心情
过酉　此年亦合喜星照　出入有利逢貴星

紫

三度
暎日紅桃在碧天
奇世註定配姻緣

过子
妻宮帝相生二子
家門崢嶸喜無邊

一度
过日一度女命安
孤身一人主家園

过子
父親位上先過去
女親尽壽存孤單

五度
十四过身宮高強
星宿分宮飛聚高

过辰
雙親福壽人間少
父是屬猴女犬鄉

十度
堂上喜氣福飛高
運臨壬申弄美漢

过申
仕祿重盛未還轉
官位重加姓名揚

七度
四十五六九事吉
出入求財尽利益

过辰
福壽康寧時源旺
一世榮昌從此積

五度 命中註定是福星 合主天祿身受封

过辰 生於貴星夫人位 金玉滿堂未时生

九度 空中燕子是兩隻 慈母含淚守孤房

过申 姐妹四人於一體 二親位上父先亡

三度 大運交到乙亥以 水清火煉亦生光

过子 胸懷安邦治國志 官位上升姓名揚

十五 江畔群雁次序分 三人先天定為真

过申 次序排來你為二 不是同胞一母親

八度 五十二三添財喜 任你東西南北行

过亥 大限之年七十五 一命黃粱去九泉

文

五度 桃天灼灼映日紅 月老配就姻緣成

过寅 妻宮有虎生三子 晚景堂前三子榮

七度 五星纏度定陰陽 姐妹三人不成雙

过午 父命一宮先去世 母親尚壽在高堂

三度 運行甲戌祿財發 身安貴穩官位加

过辰 授陽九月恩光至 鐵樹爭先獻金花

十六 手足行中次序 長幼先天定得真

过亥 兄弟二人你居次 不是同胞一母親

十度 四九五十喜無邊 事事亨通心自安

过丑 百朵鮮花開兩次 一輪明月出雲端

十二　堂上椿柏遇春风　父命属猴必是龍
过申　星宿过申十二度　寿比南山不老松
十一　甲申年生春延佳　井宿水命七十八
过申　大限丑年作大梦　可惜一命丧黄沙
七度　百花凋零逢冬风　雪花飘飘正仲冬
过子　生辰正闰十一月　庭堂丹桂初三生
六度　玉堂金马人争羡　官位升移又扬名
过辰　薰风送暑盼中秋　紫燕飞来入画楼
五度　二十七八運最奇　添财进喜两相宜
过辰　出入經营财源茂　遷移顺利百福齊

武

六度　三陽冰消寒梅開　季冬將殘盼春來

过丑　閏臘月生三十日　露沾風暖出母胎

十六　節氣時逢正仲春　和氣始煖柳垂金

过巳　生辰本是閏正月　二十五日降人倫

五度　滿樹榴花映日紅　桑枝頭上黄鳥鳴

过辰　生辰五月初一日　始分陰陽定五行

四度　五十三四门庭旺　榮華喜氣從天降

过丑　出入順利增財喜　私謀官幹皆遂意

十八　丁丑年生喜南山　澗下水命喜安然

过酉　六十七第大限到　一枕黄梁赴九泉

三度　雲間照月來相逢　兄弟十個必不同
過寅　次序之中共存八　猶如枯木得逢春風
十三　薰風送暑秋蟬噪　正當六月十六生
過戌　大振乾坤同一位　貴閣青簡又添丁
五度　三九之十好求財　事事如意稱心情
過午　旱苗逢雨勃然旺　枯木逢春花又開
九度　流年財祿自豐盈　必主福氣喜重重
過寅　若言三七十一月　一聲雷鳴萬里明
八度　朔風吹動松柏貴　竹影梅花雪加霜
過午　生辰乃逢十一月　十三降生晚風光

陰

十四 桃李花開逢春風 父母尽雖然是訛

過酉 陰星過酉十四度 壽如松柏福自生

十二 乙酉年生壽數由 井泉人命降人生

過酉 八十數盡是大限 一夢黃粱至九泉

四度 小運交臨大亨通 此年衣祿自然豐

過巳 若交二六十月間 家道康泰瑞氣生

十一 太陰過巳空世間 金烏玉兔似梭穿

過巳 一生造化會差錯 父母小說如成年

五度 棠棣花開生光輝 兄弟七人任分飛

過五 手足三中沙存長 一樹同根不同枝

十度　太陰穿入卯宮中　人間庚相吾先明

過卯　欣逢天機傳改變　父母原免必獨庚

八度　斗星交纏兄弟宮　雁行排來主昌榮

過卯　手足七人不同必　必身居次喜相逢

十四　子時生身喜星助　陰陽所積天眷顧

過亥　命宮財帛多豐盈　家道禎祥貴且富

十三　太陰過位喜星祥　必命屬鈍父屬羊

過亥　商山四皓人莫比　雙雙見壽至高堂

十二　丙申山下火壽佳　數來壽光七十八

過申　猴逢鼠咬難逃避　可惜一命喪黃沙

陽

十五 太陽纏宿本無凶 父命屬狗母是龍

过戌 箕入天门風雲盛 壽似南山不老松

十二 太陽过午當中天 衆星拱之本位高

过午 註定人间親庚相 父命屬馬母狗庚

八度 運臨庚午能筭间 凡事必羡皆周全

过午 那是好張调美手 祿位升遷某星傳

五度 星宿过度來飛鸾 四十一二福祿强

过酉 求財往遠去方有利 門庭興旺大吉昌

十四 六十八歲衣祿來 一夢黃粱到九泉

过亥 屋上土命丁亥年 限行辰位祿不全

陰土

炁

三度
过子
八度
过寅
八度
过午
十度
过戌
七度
过卯

一对賓鴻生天涯兄弟三人宿芦花
生逢二刻先去父慈母孤孀自持家
寅时二刻定刑冲双親生火父先終
妻若不尅火土命子立火土一双成
子评河东三凤喬長子屬孩又添一
天生貴子榮後世尽朝生到凤凰池
丹桂花開立堂前燕语双〻画梁间
綠草芳菲堦前砌生辰四月二十三
寒风飄〻雁南楼暮景菊残过季秋
闰九月生二十日梧桐葉落景悠悠

氐一

氐川

二度
四刻配合姻緣成五行屬癸是亥宫

过辰
並頭蓮花映日紅双〻蝴蝶舞当空

九度
系过申宫九度游父猴母馬定的周

过申
一生神祿前生定天長日久百年秋

二度
犯尖成双祿水边荷花色美定芝蘭

过子
妻宫屬鼠壬子相桑柘木命百年欢

十度
運行癸未文業成喜氣洋〻入泮宫

过未
九數鵬程絡續到龍门初步第一登

五度
六刻生人命中求剋害兒女不能留

过子
養子指望送終老反送郎子到荒坵

亨

六度
过丑
十二
过卯
九度
过未
十三
过亥
八度
过辰

秋风鸿雁高声鸣上下翱翔不一同
兄弟三人先去父因生三刻分五行
卯时二刻定命宫子立土太氣象荣
妻宜火土成家计父母木水两相生
鶯啼花番逢暴雨果然四菓輕相許
長子屬火栽培成人在玉堂相对语
花柳堂前过夏天燕子双双画梁间
生辰四月二十八晚景福壽自然安
鸿雁南还寒氣侵菊花將落孟冬臨
閏九月生二十五一生福氣晚更新

氐

五度 四刻配定阴阳性一对夗央相和鸣

过巳 文君相配属猴相月老前定不非枉

十度 八宫过度定世间五星推算不虚〻

过酉 二親庚相前生定父鸡母馬永百年

三度 夗央戲水在池边来〻往〻躍青蓮

过丑 妻宫属牛癸丑相桑柘木命百年安

十一 刺骨懸梁志氣堅丕矣讨去苦鎖研

过申 逢到甲申方遂志採的芹宫桂花鮮

一度 阴阳数定是天恩元宵佳节和氣新

过子 闰正月生初一日身出阳世見天倫

羅

九度
过寅
五度
过子
十五
过辰
十度
过申
九度
过巳

四刻生人棠棣芳兄弟宮中見三強
二親堂前先去父鴻雁南还思故鄉
嚴親当初正十三天然生你在人间
夫妻嫩花初结子早立兒孫同清閒
辰时二刻定刑冲父金母土父先終
妻宮水火無刑害子立水火同安寧
几朵花開逢細雨秋涼结的五菓成
長子屬龍是庚相晚景福禄更無双
金風將盡季秋殘孟冬佳景小妻天
閏九月生三十日貴子清秀同安然

八度 池塘游戲夗央舞前世姻緣今世補
过午 生逢五刻配姻緣月老注定支屬席
十一 萬物喜光雁兩樓悠悠喜夏又復秋
过戌 注定人間双親相父狗母馬添壽籌
四度 細雨夗央注秋波姻緣配就結絲蘿
过寅 妻宮庚寅是屬席大溪水命喜和合
十二 運臨乙酉喜非常滿腹文章映日光
过酉 今日自遂懸梁志明倫堂上姓名揚
三度 甲第重逢見太阳主人一世壽高強
过丑 閏正月生初六日父母欢欢坐畫堂

計

十三
过卯
七度
过丑
三度
过巳
十一
过酉
十度
过午

十三过卯五刻生兄弟三人氣象新
二親俱上先去父寡母含泪濕衣襟
父年方交一十四歲羊生你在人世
萬事惟君添子足門庭喜氣百福際
巳時二刻定的造双親火土父先刑
妻宮土木家門旺子息金水必易成
滿樹花開開五红结成五菓氣味清
長子屬狗更榮茂後代子孫益昌隆
朔風陣陣孟冬天滴水成冰透体寒
閏十月生初五日靜听寒蛩噪声喧

十度过未 紅葉題討水逆流生逢丑刻玄屬猴
前世姻緣今生定四喜四愛非強求

十二过亥 計都过亥定世间金烏玉兔似梭穿
父命屬豬安然樂母命馬相百歲欢

五度过卯 夗央交頸宿江边双双两两即安然
妻宿屬兔乙卯相大溪水命永百年

十三过戌 運行丙戌最為良胸藏豪氣姓名揚
奮志果然身入泮光宗耀祖換门墙

三度过寅 綠柳垂金喜氣揚地燮重春枝葉芳
閏正月生十一日父母堂前喜弄璋

金

一度　生逢六刻氣象新兄弟宮中只三人
过辰　父親一空先剋去母親孤單百歲春
九度　前緣分定男女宮今年早為父母榮
过寅　父年十年方十五丹桂枝上子初成
六度　午時二刻星不良父水母火母先傷
过午　妻宮水命剋不了子立金水土命強
十二　枝頭六葉弄清風長子屬龍更茂芳
过戌　若立犬羊雞頭喜龍兎丹桂獨翱翔
十一　翔風凜凜透窗根黃葉飄飄显清風
过未　閏十月生初十日寒蛩声声不住鳴

氐土

五度
过申
十二
过子
六度
过辰
十四
过亥
四度
过卯

大運流来行至寅助夫益子與家门
喜面常对菱花照十年之内百福臻
六十一歲遇凶星計都交纏又虧生
日落夕阳归去晚忽然魂魄赴幽冥
並頭蓮花遇妻风一对夗央共和鳴
妻宫丙辰是祿相沙中土命百年荣
運行丁亥又吉祥洋水池边早生兒
他日定作折桂客插帯宫花姓名揚
運到中年漸漸成八字生来又光明
寅正月生十六日復遇上元又妻风

木

四度
过子
十二
过卯
九度
过未
十三
过亥
十二
过申

人生命禀天地间堂双上親喜新边
父母年庚同是鼠延年足寿家道安
命宫逢空父子緣前生足分種福田
父年生你十六嵗门庭喜氣自清閒
未时二刻妻足傷火土不刑保安康
母金父水先造定木火兒郎耀门光
花開滿樹亦果成晚景丹桂松柏青
長子屬狗先增福培木不致克青松
朔風凛〻又孟冬草木花葉盡凋零
閏十月生十五日十二过申遇水星

氐土

六度　女命交轉申中運　面对菱花消愁闷
过酉　閨门更兼灾和疾　十年安康不须问
十一　運入天羅早隄防　疾病缠身不离床
过丑　註定六十又二歲　辭世归阴命已亡
四度　棠棣萋萋勝垂楊　七刻生人不成双
过巳　兄弟二人先去父　母年百寿在高堂
七度　註定姻缘再不差　妻宮丁巳屬蛇佳
过巳　妃央交颈碧波内　沙中土命永和家
五度　命中入辰时刻凑　财禄豐盈自然成
过辰　若知君身何日降　闰正月廿一日生

水

五度　春滿乾坤景色鮮　文命屬牛正清閒

過丑　母親屬豬奉常齋　可比松柏壽常堅

十三　歸根落命是何期　開花結子正芳菲

過辰　若問君身何日降　父親方交年十七

十二　申時定命三刻中　父水母火保安寧

過申　妻室子水火為貴　兄弟四人你三名

二度　綠柳冉冉南松秀　百花嬌嫩自芳菲

過子　鵲栖枝上風吹動　生辰三月初三日

十三　朔風吹動松柏臻　雁過南樓雪花侵

過酉　閏十月生二十日　丹桂結子枝枝青

氐土

九度 五星纏度出上排 運交寅位不開怀
过戌 心頭少舒常納悶 粧台明鏡被塵埋
十度 命逢七九六十三 凶星纏身疾病綿
过寅 辞別阳世归阴路 魂魄逍遥赴九泉
八度 一对鸳鸯结宿缘 紫燕成双画梁间
过午 妻宫戊午属馬相 天上火命永百年
七度 父命属兎安然亨 萱堂属鼠福禄兴
过卯 幸占清风明月在 好同楊柳遇妻风
六度 节氣时令仲春中 正是梅花弄妻情
过巳 闰正月生二十六 定主清闲暮景荣

火

六度
过寅
十五
过巳
一度
过酉
五度
过丑
十四
过戌

乾坤交泰喜無边 父命虎相母鼠年
双親同寿天神佑 蘭桂芬芳百福延
八字宮中仔细查 星宿过度定不差
灵胎到日身出世 父命生你正十八
酉时一刻定命逢 父是水命母土生
妻宮土木不剋去 子息火土方保成
季春天氣日初長 阳和鼓動草木鮮
生辰三月初八日 暮景悠々好風光
朔風透体过仲冬 菊花凋殘松柏青
月下寄聽寒蛩噪 閏十月廿五日生

十一 過亥 九度 過卯 十度 過未 九度 過未 七度 過午

逢交申位凶憾々疾病口舌不可言
粧台懶對無心續土掩菱花減容顏
命逢凶星惡煞纏六十四歲浪滔天
大限來時難逃躲魄魂悠々赴九泉
秋風鴻雁高聲鳴兄弟三人各不同
生逢三刻先去母父守寒衾泠漣々
妃必看入碧潭漣並頭蓮花映日紅
妻宮己未屬羊相天上火命百年榮
習々和風燰々天桃李花開魚滿園
閏二月生初一日困號抬頭又上天

土

八度
过辰
三度
过甲
四度
过戌
六度
过寅
十五
过亥

土星过辰八度行父命必是兔年生
母親是鼠安然樂兩後花綻添芳榮
生前造化總由天姻緣後嗣非偶然
父羊生你方十九玉堂和氣喜喧喧
戌時二刻定無移父母金水立命奇
妻屬水火必離散子立水命同定逸
桃李花開春景天紫荊花發对青山
生辰三月十三日棠棣榮芳色更鮮
朔風透戶近仲冬萬物凋殘樹枝空
閏十月生三十日双親添喜笑顏生

一度
过子
八度
过辰
二度
过申
十度
过申
八度
过未

一度过子土星宫双親庚相宫的清
父相是鼠母是馬天長地久永安寧
流年灾星入命宫寿至六十五歲終
花落枝頭难見日一命归阴永无踪
四刻生人棠棣芳兄弟三人母先亡
鸿雁南还白雲上各自思親泪汪汪
燕语鶯声起心情妃央交颈共同鸣
庚申属猴是妻相石榴木命百年荣
鸞鳳前後是和风闰二月内初六生
倉鶬和鸣因妻至继述耀祖貴子荣

氐十

龍

八度　雨後梅花遇新春　父鼠母鼠定的真

过辰　清風明月乾坤大　楊柳枝頭歲月深

五度　姻緣造化出天然　庚相共耀在人間

过未　父年生你正二十　一枝丹桂立堂前

七度　亥時二刻定刑沖　妻小四五木命生

过亥　父金母火先剋去　子息金水方保成

三度　春風擺柳始萌芽　枯竹影裡笋又發

过卯　父母劬劳恩难根　生辰三月是十八

五度　金水相生五刻辰　兄弟三人同一根

过酉　堂上双親先去母　父守孤衾自沉吟

氐

二度　號逢星辰过丑游　二親庚相父屬牛
过丑　母是屬馬先天定　暮景堂前樂悠々
七度　流年東游實難逃　馬逢溝澗度过橋
过巳　枝頭花落六十六　黃粱一夢赴陰曹
十一　並頭蓮花池中生　一對鴛鴦相和鳴
过酉　妻宮屬鷄辛酉相　石榴木命百年榮
三度　丙子運臨命宮強　流年可喜入文場
过子　青雲初步游泮水　光宗耀祖換門墻
九度　八字生成不差移　春風吹動子規啼
过申　閏二月廿十一日　夜滿清光生子奇

紫

十三
过戌
八度
过申
七度
过寅
十一
过戌
五度
过寅

五星宫命细推寻紫微入戌喜欣〻
楼台并茂松柏景父命属狗母居寅
二十二岁是父宫此年生你不非轻
代年宫拔三秋桂晚年安乐换门庭
财值秋景正中元金风吹动美蓉鲜
生辰七月十五日人在高楼月满天
甲戌运临渐〻高动静不利百福招
家门康泰多吉庆利获名遂任逍遥
子宫过度财刻真土难交缠五度寅
紫荆树上分造化兄弟三人你三身

氐仁

三度
过寅
六度
过午
十二
过戌
四度
过丑
十度
过酉

紫过寅位入馬宫星宿交纏定的清
父命屬乕母是馬百年恩愛永安寧
命行天羅不久長衣祿俱盡暗隄防
六十六歲难逃躲一枕南柯夢黃粱
人生若向妻何年恰似桃花開更鮮
妻宫屬狗壬戌相大海水命百年安
丁丑運臨鐵光生蟾宫折的桂花歸
洋水池中身先入登雲步月姓名揚
人生在世怡初成綠柳冉冉正芳荣
閏二月生十六日生產豪门显姓名

文

十一
过未
十四
过酉
三度
过丑
九度
过巳
九度

文星过未父属羊母親属鼠月風光
寒山穩〻松柏爲老少殘梅氣味香
立子早晚是天然庚相共照左人間
父年生你二十二一枝丹桂立堂前
男女宮中細推詳長子属犬月生光
次序难存堂前立丹桂一枝自芬芳
清風擺柳綻萌芽紫竹林中笋又發
已育父母恩光重生辰三月二十八
棠棣森〻垂柳楊兄弟三人母先亡
生逢七刻各一處同氣連枝各高強

氐仁

四度　文星过卯最为良　檀楼並茂主吉昌

过卯　父兔母馬天然定　人生浮世百年強

五度　八字註定寿延長　秋後黄花遇嚴霜

过未　六十八歲大限到　一夢阳台赴黄梁

十三　花開正遇三月景　桃李梅開遇春风

过亥　妻宮屬猪是癸亥　大海水命福自生

五度　運行戌寅月正明　片雲聚雨生清风

过寅　学文渊〻向遂志　果然采芹入泮宫

十一　和风吹動萬物新　百花開放滿园林

过戌　闰二月生二十二　晚离母胎見双親

武

十二 自古人生皆受春父是屬羊母鼠真
过申 前世阴德阴功大寒山草木又重春
十四 子立早晚皆由天庚相共照在人间
过戌 一枝丹桂堂前立父年生你二十三
四度 命宫子息是前生可喜成双家業與
过寅 前年春光桃共李空知長子是屬龍
一度 葵花初綻黄鸛鳴菊花開放海棠紅
过午 生辰四月初三日洞房花吐子初成
一度 二刻配定姻緣事恰似桃花帶雨时
过子 月老千里合一處丈君屬豬兩相宜

氐

五度　星宿过度定世间　五星命裡不虛言
过辰　父是屬龍母屬馬　天長地久永百年
四度　命宮註定寿年高　大限來時定难逃
过申　六十九歲天祿盡　一夢阳台到荒郊
三度　八字先天定的真　身坐卯宮犯孤辰
过卯　命中原是空门客　半路还俗对红裙
六度　運臨己卯主文明　学貫三才入泮宮
过卯　光宗耀祖人争羡　不忘窗下苦用功
十二　百花逢春枝葉青　桃李鶯啼子規鳴
过亥　閏二月生二十六　父母堂前喜氣生

陰

十三
过酉
十六
过亥
五度
过卯
四度
过未
四度
过子

茂盛花發雨露新父命屬猴福祿臻
方知母親是鼠相寒山草木又更新
欲知父源父母宮堂前花開子立成
父年方交二十四生你門前懸矢弓
命宮子息是前生長子屬犬能立成
空中雨露從天降堂上双親二子孙
孟夏天氣日初長花開結子定高強
生長四月初八日滿園桃李正清香
雁过南樓空中鳴閏九月內初五生
逈霜冷露松柏翠淡雲罩菊綻花紅

氐18

四度
过丑
六度
过巳
五度
过丑
七度
过辰
三度
过酉

二刻月老配姻缘结就同心天地欢
赤绳繫足鸾凤侣交君猴相寿百年
阴过巳宫定双親冥福宜寿宜子孙
父命属蛇添寿考母命属馬定的真
八字生来命中排刑男剋女見悲哀
養子不能送终老多主恓惶泪横腮
運到庚辰命爲強才学滿腹姓名揚
果然今日游泮水喜氣洋洋耀门墻
流年地支入命宫又看七十白頭翁
寒江独鈎归来晚回首夕阳一夢中

陽

十四　青山綠水任悠悠自古滔滔不斷流
过戌　父命原是屬鷄相慈母屬鼠寿百秋
二度　子宮二刻定命宮父金母土父先終
过子　妻非金木妨剋害子立水火既濟生
六度　堂前丹桂三枝排雨露生妻百花開
过辰　欲知長子何庚相定是屬龍降塵埃
七度　桑榆枝頭燕語声立夏炎天似火烘
过申　生辰四月十三日绕宅祥瑞鴻雁鳴
五度　金风飄飄过重陽雁过南樓思故鄉
过丑　閏九月生初十日菊花開放景象芳

氐八

七度 三刻生人姻缘良岐山彩凤配鸾凰
过寅 夫君属那结成对百寿臻臻百年強
七度 丹桂青松老无休游水滔滔不断流
过午 若向人间双親相父母同马百年秋
五度 八字生来注先天削髮為僧结善缘
过寅 禅心不空凡心勝返入俗门会红颜
八度 运行辛巳主亨通满腹文章蕴胸中
过巳 考时何遂寒窗志喜氣洋洋入泮宫
二度 欲向君寿享遐龄松柏歲寒又耐冬
过戌 寿尽七十零一歲一枕黄梁梦归空

巨

九度 过午
五度 过丑
七度 过巳
五度 过酉
六度 过寅

雪案螢窗志甚堅 至矣經史苦鑽研
壬子逢臨自勵志 果然身步鳳凰池
丑時二刻果殺常 父水母土母先亡
妻殺水火難偕老 子息金水氣象昌
男女宮中先前定 丹桂庭前三子成
欲知長子何庚相 命宮屬狗福祿增
夕陽夢裡半夏天 鶯聲燕語子規還
生辰四月十八日 桑椹纍纍黃鳥喧
籬边金菊朵朵黃 丹桂結子吐芳香
閏九月生十五日 喜生麟兒赴畫堂

九度 三刑生人定姻緣 紫燕啣泥画梁间
过卯 配合支君属猴相 落花流水意同欢
几度 雲淡風高水自流 父命属羊百歲悠
过未 母命属馬又高寿 福禄黄花菊定秋
七度 一对賓鸿飛天涯 兄弟三人各持家
过午 二刑生人母先亡 棠棣萎芳满园花
十四 星辰过度定世间 金烏玉兎似穿梭
过戌 二親庚相無差錯 父命属狗母鼠年
一度 平生大限只几年 七十二歲浪滔天
过亥 走馬臨崖收韁晚 江心船漏不安然

三度　先天註定居主公　京商客旅是實用
过寅　又利人來又利己　經營路上有芳名
十六　命運到數最芳榮　胸藏錦綉未飛騰
过卯　欲展經綸平生志　木水年間耀門庭
九度　命中孤獨不可當　暫居空門守佛堂
过辰　禪心不定凡心勝　半路還俗歸本鄉
七度　秋涼鴻雁高聲鳴　上下兄弟各不同
过午　雁行几人先去母　父子含淚受恓惶
二度　流年命逢天喜生　出入和順得安寧
过亥　男女逢之添吉慶　經營買賣事事通

序

炁

三度过寅
三度过丑
七度过巳
十度过酉
九度过午

寅財生人异味長　欺強扶弱姓名揚
重義輕財好朋友　作事敢為也敢当
十五十六学業揚　窗下用功念文章
养成羽翼攀丹桂　福祿荣華万年強
男女成行立命宫　三人堂上桂枝香
長子屬猪為庚相　晚景福壽更豐盈
立夏薰風清和天　芍藥開放色更鮮
生長四月十九日　蚕桑枝上子規喧
運交甲午文業奇　可喜文奇福又奇
今朝榮顯入泮水　果然初步着藍衣

虚日

九度 八字生成百事周父乃属狗母是
过戌 五行註定姻缘理福氣滔々水東
四度 生逢三刻定姻缘夫君属兔永百
过寅 夗央匹配同作伴共枕同衾偕等
七度 五星纏度不虚々过度分明仔细
过午 父馬母羊双親相福於東海寿於
九度 命宮註定寿星佳先天推算七十
过巳 真極真真尤相约会大夢不同卧黄
六度 分宮过度五刻真真雁行分飛共同
过酉 兄弟四人先去母手足乖張反生

孛

四度 命宫生逢卯財间贵友高朋四海宾

过卯 重義輕財人争羨氣槩英雄福寿全

四度 十七十八正年芳胸藏豪氣入贵鄉

过寅 窗前勤苦經史義少年立志事業昌

六度 檻边見花綻枝頭長子屬蛇戴冕旒

过午 青黄重簡分四玉庭前紫朱自王侯

十一 初夏生逢艷阳天氣象清和景色鲜

过戌 生辰四月二十四福寿堂前結子宾

十度 運交乙未福祿清更喜天乙入命宫

过未 考试場中入泮水名刻黌门光祖宗

房川

十二　人生浮世百年秋父是屬狗母是牛

過亥　金玉滿堂多進益晚景海屋添壽籌

五度　李白乘舡總是妻妃共匹配在江濱

過卯　生逢三刻父屬鷄琴瑟相和福壽臻

六度　星辰過度再不虛時刻定就不差移

過未　二親同庚屬羊相双々尽壽福祿齊

十度　北風凜々透天関瑞氣飄々滿山川

過午　註定年庚七十九一枕黃粱赴九泉

五度　棠棣花開正茂芳兄弟四人兩參商

過戌　生逢六刻先去母各立家基氣象昌

羅

十二過子
五度過卯
五度過未
十二過亥
五度過辰

姻缘宫數是先天重賞佳节又新年
閏正月生初三日身出阳世是胎元
十九二十有福臻寒窗用功貴人欽
少年得意世罕見財禄盈门自趣心
南园花果開四株長子屬於福禄出
三系各立扶大世一世人開趣心頭
系宫過度永不移平生顯户扁心齊
生辰四月二十九柔桑叢芳子規啼
辰时生人命宫强作事敢為也敢当
重義輕財所管飽廣结賓用姓字揚

房

十二　天上四时春作首　人间五福寿为先
过未　大限八十享福尽　魂魄逍遥上九天
五度　罗星过申五度游　双亲庚相在此求
过申　母是属羊添寿考　父命原来是属猴
六度　姻缘匹配皆前定　栽花种果待时来
过辰　生逢四刻犬属兔　家道相知兰桂开
四度　姻缘前定和偶然　必宜小娶晚配安
过子　残花一朵新鲜色　庚相属鼠永百年
十一　十年寒窗苦用功　丙申运至大亨通
过申　名列黄宫身入泮　脱蓝换紫耀门庭

計

十一
过丑
十二
过子
六度
过辰
四度
过申
六度
过巳

五星要訣定吉凶 新春節氣可重逢
閏正月生初七日 父母堂前添笑容
八字先生定命宮 家生貴子画堂中
父年方交二十五 丹桂堂前貴子生
二十一二福祿生 家门康太事事亨
窗下奮志棘圍硯 少年立業換门庭
和風春雨潤桃花 結成五果味更佳
長子屬蛇依竹下 養成羽翼真可誇
生逢巳時衣祿豐 羨君性情剛直公
東西南北移不可 結交朋友把財輕

十二 先天註定壽正長 木老花殘遇秋霜
过申 杜鵑啼血鳴郊外 八十一歲夢黃粱
四度 五星纏度世間稀 夛宫过度果不虛
过酉 先天造定双親相 母是屬牛父屬鸡
七度 春光桃李花正開 鸞凤交结会蓬台
过巳 生逢四刻亥屬鸡 举案齊眉百福来
五度 月老註定世間姻 不怨天来不尤人
过丑 早娶剋去晚配好 新配殘姻屬牛人
十三 運至丁酉文業成 门庭改換主崢嶸
过酉 身入泮水顯榮貴 光宗耀祖新家仍

金

十度　草木逢春雨盛昌　風吹松柏傲雪霜
过寅　閏正月生十二日　父母堂前喜氣揚
十一　命宫以字最清閒　丹桂庭前貴子欢
过丑　父年方交二十六　王母蟠桃降人間
七度　二十三四学業成　寒窗篤志雲未騰
过巳　待時得遂泮宫志　方信儒業显大名
三度　春至桃李花正点　何須前後問青黄
过酉　長子若立廣亥相　必有五子成雁行
七度　命宫午時孤等閒　好結朋友四海傳
过午　一生重義輕財利　皆因生逢午時間

房五

十二 人生八字注先天命宫一定无虚言
过酉 寿享九十零一岁太阳一转落西川
十三 金缠玉兔过子宫星辰推算定同德
过子 双亲庚相无错簿父命属鼠母羊庚
八度 月落注定姻缘薄配合夫主必属兔
过丑 若逢琴瑟五刻间家道合和成夫妇
六度 姻缘前定休强求红叶题讨水送流
过寅 晚配残姻无刑克庚相属猴永悠悠
十三 十年寒窗苦劳心腹满文章步登云
过戌 运交戊戌方趣意名列黉宫在儒林

木

九度 五星纏度理通神百草萌芽又新春
过卯 閏正月生十七日胎元落地在红壁
十度 命宫身生是何娟父年方交二十七
过寅 父母堂前弄璋喜丹桂一枝更出奇
八度 二十五六主家荣胸中豪氣不非輕
过午 屬戰經史文運至終身須照祖業隆
二度 牆外花枝六朵生三双结实早芳名
过戌 長子若立是蛇相善美流芳百年荣
八度 命宫來財降生身廣结賓用遇贵人
过未 言語公道方且正疑財重義四海闻

十四　寿比流水归冬天　遐龄寿享八十三

过戌　衣禄已尽黄粱梦　魂魄逍遥入九泉

一度　女命生来降凡尘　应主出家拜观音

过子　皈依三宝人向善　澄心炼性在佛门

九度　月老千里配姻娟　一对妃央交属鸡

过未　生逢五刻齐眉案　赤绳系足两心知

七度　命中妻宫不周全　前世造定孤偶然

过卯　晚配残姻属兔相　无刑无剋过百年

十四　运至巳亥入贵乡　财来果然鉄生光

过亥　心满志遂身入泮　养成羽翼待时飞

水

十八
过辰
九度
过卯
九度
过未
一度
过亥
九度
过申

命中運限無那更福壽荣華果不同
寅正月生二十二父母堂前添一丁
房宿纏於室不差父年生你二十八
堂前父母双〻喜命該立子方成家
二十七八大運通少年得志即成名
天乙貴人常相守黄卷青灯起入龍
向子兄差昌吉祥蓮花結子亦子强
長子屬狗添喜氣行中丹桂姓名香
申時生人推若何心正方交朋友多
常行公道為方便重義輕財喜合和

唐文

四度　万物春光雁南楼悠悠春夏又逢秋
过辰　五福迎门财禄旺双亲二命皆属牛
九度　千里姻缘赤绳牵话定残姻晚配安
过巳　妻宫属蛇无差错暗暗带破在身边
十一　运该流转　行闺门之内喜事亨
过酉　持家立业财源盛动静行藏百福生
十五　二刻雲雁並南楼嘹嘹嚦嚦过泽流
过子　兄弟四人先去父各身分业立家园
二度　女命生来入空门看经将善意殷勤
过丑　将来佛下常礼拜不染凡尘半点心

土

二度　綠柳冉冉子規还几天雨澤降人间

过丑　生辰三月初四日一輪明月照堂前

七度　前生註定孤偶然庚相拱照在人间

过巳　父年方交三十歲一枝丹桂在堂前

十一　二十一二貴神臨胸藏討古貫丘倫

过酉　更喜祿馬身榮显運至財祿滿堂臻

六度　桃綻杏開花滿園阳和草木雨俱全

过午　寅二月生初三日困龍抬頭上九天

十一　戌時生人定命宮多用多友志英雄

过戌　輕財重義芳名美定此尋常大不同

房上二

一度　光阴好似水东流　父是属鼠母是牛

过子　一生福禄前生定　天長地久永悠〻

八度　命中妻宫不周全　早娶剋去晚配间

过辰　残姻属龍只破带子立　一人土命安

十度　大運交轉喜欣〻　持家立業長精神

过申　勤儉三從並四德　粧台安然盤烏雲

十五　天然註定寿命高　寿尽回頭數难逃

过亥　八十四歲光阴尽　身赴幽冥任逍遥

四度　生逢七剋手足强　棠棣蓁〻盛垂楊

过　兄弟四人先去母　各自立家只非常

火

七度 過巳

八度 過辰

十度 過申

一度 過子

十度 過酉

命中八字定仍逢吉凶禍福總難更

生辰正是閏正月二十七日見休刑

命中降生非偶然福祿榮華身中安

君身何日降在世二十九日生文前

廿九三十學業成養成鱗甲當下功

少年榮華得稱意動作云為事事亨

春至花開色豔奇綠柳枝上杜鵑啼

生辰三月初四日運是龍吟虎笑財

命中註定酉財生羨君情意將賓朋

光明正大心田好總然有禍不成凶

房十

七度　流光荏苒度春秋父命属鼠母属牛
过寅　百年恩爱前生定晚景堂前乐悠悠
十度　夗央交结配成双必宜晚配娶残房
过午　庚相原来是属馬一子侍家却是羊
十二　过戌十二不顺通烦恼疾病主憂驚
过戌　運臨卯位多不利駁雜不遂入命宫
十四　三刻鴻雁过長流兄弟宫中只两双
过丑　太阳光被雲遮掩明月光辉亮堂堂
三度　女命生来入空门看经念佛保全身
过寅　一心不染红塵事三清駕下去称臣

龍

五度 春雨生辉万物發恩光遍地显荣華

过未 生辰原是闰三月初七降生福祿加

六度 人生天地無差移命宫註定已先知

过午 若向你身何日降父年方交三十一

十二 三十三四主风光家门康太福祿昌

过戌 出入和顺添瑞氣门庭吉慶位高強

三度 桃李花開正及时燕語莺声處處啼

过寅 生辰三月十四日蚕桑枝頭葉微微

十二 生逢亥时衣祿強心高意傲志氣剛

过亥 一生重義輕財利好结賓朋把名揚

房

九度　堂上双親度數由父是房兔母是牛

过卯　就过卯宫纏日兔晚景福寿百年秋

十一　烟缘簿上定的真必宜少娶晚配姻

过未　残花一朵新鲜色属羊庚相不刑侵

十三　運行酉宫事未通駁雜不遂又憂驚

过亥　菱花嫩对心愁闷日出雲霞霧又蒙

三度　房兔纏就过戌宫父母庚相預先明

过戌　父狗母羊系差錯双双又寿似青松

十二　四刻生来數不周兄弟四人景悠悠

过寅　双親位上先去父失却扶持情意休

紫

四度　仲春花開正艷阳　桃李芳菲滿园春
过申　寅二月生十二日　时新景色喜非常
五度　命宫注定说的真　子宫遲早不须云
过未　方年方交三十二　堂前奇下一丁人
十三　三十五六称心怀　命主荣華添喜来
过亥　财禄升旺宜迁移　出入通達笑容開
四度　桃李初經滿园春　子母枝上盼艷阳
过卯　生辰三月十九日　月將交纏三大梁
一度　胸藏文章奎宿出　刺骨懸梁費心讀
过子　運臨戊子方称意　脱却籃衫换紫朱

房十二

三度　青松桂柏志無休　逝水滔滔晝夜流

過辰　一世安然衣祿足　父命屬蛇母屬牛

十二　參商名為攪亂星　主人夫婦不安寧

過申　結髮夫婦冷眼看　空主活離各東西

十三　五星纏度理甚桂　空人一世搃不空

過卯　二親庚相先天定　父是屬牛母羊庚

二度　乾坤交泰註南丹　命宮算你七十三

過亥　大限臨頭天祿盡　回首黃梁命歸天

十二　棠棣花開味清香　兄弟行中整整双

過卯　生逢六刻先去父　各立家計晚更強

文

三度过酉

四度过申

十二过子

五度过辰

二度过丑

濛濛细雨共凄风淡淡阴云对月明
寅二月生十七日燕子回归画堂中
平生匹配好姻缘定主堂上贵子矣
若知君身何日降父年方交三十三
黄金白玉不为奇子立属蛇不差移
孤身独自无靠依晚景堂前是根基
雨后花前觉春回绿柳枝上鸟声啼
生辰三月二十四降在人间果出奇
经史锁研贯心机要折蟾宫第一枝
运临巳丑方遂意果然平地入泮池

五度　青松桂柏意难休　游水滔滔昼夜流
过巳　一世安然衣禄足　父命属蛇母属牛
十三　参商名为機乱星　主人夫归不安寧
过酉　结髮夫归冷眼看　空主活离各西東
十二　五星缠度理甚清　空人一生总不空
过丑　二親庚相先天定　父是属牛母羊庚
四度　乾坤交泰註南丹　命宫算你七十三
过子　大限臨頭天禄尽　回首黄粱命归天
十一　棠棣花開味清孤　兄弟行中整整双
过辰　生逢六刻先去父　名立家计晚更强

武

二度　八字前生已造成平生衣祿甚豐盈
过戌　閏二月生二十二巳育父母見兒形
三度　五星能洩造化机命理詮定無差移
过酉　若知君身何日降三十四上父年期
十一　暮景堂前好喜光長子屬狗自芬芳
过丑　松柏青青最長久一輪明月照東窗
六度　暮景榮華喜降生更殘夜漏月光明
过巳　生辰三月二十九一世芬芳子初成
二度　運至庚寅顯貴星十年寒窗苦用功
过寅　奮志果然身入泮光宗耀祖換門庭

房以

以度
過午
十四
過戌
十一
過寅
五度
過丑
七度
過巳

二親庚相星中求父是房馬母房牛
宜子宜祿宜福壽桂開梅綻正三秋
命中逢空孤尋常妻財子祿亦不強
參商星本不睦夫婦一世不成双
五星纏度不虛言分宮刻數定真侍
父命房飛是高壽母庚定是房羊年
命宮逢空壽延長又十四歲祿奔先
秋後衰草逢霜日悠悠蕩蕩赴天堂
七刻生人十度強鴻雁成羣不一行
兄弟四人先去文失却同心山海長

陰

一度 过亥
二度 过戌
十度 过寅
七度 过午
四度 过卯

百花開放仲春天 紫燕飛來鬧声喧
生辰正是閏二月 二十七日降人间
安身立命論過宮 桂花開放子初成
父年三十五上立 多宮过度值何星
長子屬蛇立命宮 丹桂堂前二子成
四野光華麗生景 一声齊过晚年豐
薰风初起到柳梢 燕語鶯声林外娇
生辰四月初四日 父母堂前長异苗
運至辛卯姓名標 文章滿腹逞英豪
名列黌宫身榮顯 果然少步青年霄

房16

十度 浮世百年纏度求 父是房羊母属牛

过未 春光花李枝葉茂 葉落風吹水東流

十五 阴入亥宫是北方 空主太歸不吉祥

过亥 孤鸞独宿無姻配 非僧就道少妻房

十度 人生若向双親相 子宫过度细推详

过卯 阴星过度到卯位 父是属兔母属羊

六度 几度春风几度同 寿到七十五岁终

过寅 秋后梧桐葉落去 果然一去不回程

九度 二刻雲雁往南飛 叫声嘹嚦过澤溪

过午 兄弟四人先去母 各自投奔立根基

陽

一度
过子
一度
过亥
九度
过卯
八度
过未
五度
过辰

心宽胆大氣概雄　一生尽福不成凶
四方廣結兵用友　贵人引扶子时生
父年生你三十六　天官献瑞子初成
蟠桃花開弄春色　中年三子福寿荣
堂前丹桂二枝盛　長子庭前景色強
一双父母阴德厚　福寿康寧过春光
棠棣花開正芬芳　黄鳥弄巧在柳楊
生辰四月初九日　月鈎斜掛在东墻
運交壬辰尽吉祥　前後相生福禄長
此運得遂入泮志　果然时来鉄也光

房

三度　二親庚相逞中求父是屬猴母屬牛
過申　双親堂上安然柴支唱歸隨百年秋
二度　命中姻緣喜和常兩個兒央配成双
過子　有年夫婦真佳偶夫宮屬兎好風光
九度　堂上君家是屬龍母親屬羊定的佳
過辰　星辰過度為仇难双〻又壽似青松
七度　命元長短逞先天壽享七十六歲間
過卯　昨朝杜宇鳴郊外數盡祿絕赴九泉
六度　三刻生人陰數強兄弟四人排成行
過未　双親位上先去母同根同枝長青黃

巨

二度
过丑
二度
过子
六度
过辰
九度
过申
六度
过巳

丑时生人性氣剛
君家胆量更非常
五湖四海交朋友
揔然是福不成殃
十三十四最亨通
滿腹文章在胸中
一心奮志灯窗下
年方少小可成名
推查男女立命宫
長子定是属小龍
堂前丹桂结三子
晚景衣禄名自豐
清和佳景孟夏天
杜宇枝上鬧声喧
生辰四月十四日
倚家立業永綿綿
運臨癸巳喜無边
时时遂意称心间
名到黌宫身入泮
明倫堂上占魁元

房

六度　人生浮世百年秋　父命属鸡母属牛

过酉　财源门庭家業昱棲萱並茂到白頭

三度　二刻死央配成双　戲舞荷花喜秋冬

过丑　支主属鸡前造定　相敬如賓福祿昌

八度　五星缠度定命宫　父命必定是小龍

过巳　母親属羊無差錯　双々尽寿在堂中

九度　一生祿馬定高強　七十七歲寿無疆

过辰　暮鼓一声人寂静　大夢一場赴黄梁

七度　四刻生人数不周　兄弟四人情意休

过申　双親位上先去母　失却扶助意悠々

四度　八字生来带煞星　不耕不耘贯打生

过申　飛禽走獸為食祿　月連化你收生灵

一度　命中註定手藝精　四方营求福祿盈

过子　魯班為頭作本器　鋸之砍之度平生

八度　此刻生人主荣昌　命宫官祿坐实强

过丑　羊至金火官星显　光宗耀祖换门墙

四度　房巨交缠过亥宫　雁行几人论的清

过亥　兄弟四人先去母　父子含泪受苦情

四度　亥宫过度七刻生　兄弟四人各不同

过亥　堂上双親先去母　晚景福祿足芳荣

心月

炁

九度　五星定命先矣留二親庚相註中求
过巳　生剋制化五行理父命属蛇母属猴
一度　三十七八最為良祿馬同宮命元強
过子　出入所為皆順利喜氣盈门百福昌
五度　棠棣花開各茂芳兄弟九人不同娘
过辰　雁行排來你居七满门福氣一枝香
四度　紫雁无雙遶畫堂黃鸝鳥鳴在綠楊
过申　生辰四月十五日滔二衣祿似長江
二度　仲冬數九雪花飛枯木寒鴉叫声悲
过丑　暮景正寅十一月該酌初六你生期

心月

十一 過巳
十一 過酉
十三 過丑
十度 過酉
三度 過酉子

運行巳巳遇文章胸識古今姓名揚
屢試棘闈皆得志芹宮泮水喜生光
五星纏度定命宮又屬司晨鷄為灵
萱堂屬兔皆前定伉儷相配產人誇
生逢二刻配姻緣妃央成雙戲彩蓮
亥主屬狗赤繩繫月老前定非偶然
命主大壽幾時終北極註定壽無窮
九十四歲黃粱夢逍遙快樂赴南宮
命中狐星是前因合主參師拜玄尊
只因眷緣身未脫中途辭道伴紅裙

孛

十度 過午 二度 過丑 六度 過巳 三度 過酉 三度 過寅

孛星过午喜洋洋五福临门美更昌
先天註定双亲相父命属馬母猴鄉
三九交至四十间满门吉庆家道安
人口與旺财源茂仕禄荣昌福禄遷
人生在世难俱全兄弟十人整五双
次序排来你居七只是一父不一娘
榴花開放满园红丹桂庭前杜宇鳴
桃李枝頭结奇果正是四月二十生
松柏耐寒冬外表枯木寒鴉翔风驚
生辰正闰十一月十一降生福禄增

心川

十二過甲　命中官祿甚清奇　更喜丙午命逢之

　　　　　脫藍換紫先得意　何愁金榜掛名時

十三過戌　八字推來父母宮　安身立命度數行

　　　　　父是屬狗母屬雞　運到晚來福祿增

十二過寅　雨潤梨花春色紅　綠水河边鴛鴦鳴

　　　　　生逢三刻姻緣定　亥主定是屬大龍

十一過戌　南極註定壽延長　月孛交纏見太阳

　　　　　九十五歲大限到　逍遙快樂赴黃粱

四度過丑　人生命宮定原因　合主中年配成姻

　　　　　此身曾作玄门客　辭道归俗伴紅裙

羅

十一过未
三度过寅
七度过午
二度过戌
四度过卯

羅睺过未定吉昌，二親位上仔细详。
父命属羊母猴相，双〻足寿坐高堂。
四十一二家道與，此年財祿主峥嵘。
出入行動交貴友，千条万事趣心胸。
试看鴻雁空中鳴，兄弟十一各不同。
排行算来你居七，原来不是一母生。
葵花初綻黄雀鳴，杜鵑枝頭叫一声。
生辰四月二十五，堂上双親添笑容。
寒风透户数九天，玉石砌路粉粧山。
生辰当闰十一月，十六生辰到人间。

心

十三 奮志刺骨頭懸梁得意逢入丁未鄉
过未 黄宮独步泮水光宗耀祖旗门墻
十三 星宿过亥入天门堂上双親度數多
过亥 前生注定仇共难父是属猪命母親
十一 琴瑟相合弄巧音山川草木又重新
过卯 生逢三刻丈属狗相敬如賓百年妻
十二 鴻雁空中排成行兄弟七人事非常
过亥 同氣連枝身居二梅花深處是异然
五度 命中合主入空门终朝合掌拜观音
过寅 心中俗情却未尽從新養髮整烏雲

計

十二 五星纏度理最真子宮算盡世向人
过申 富貴窮通無差錯双親俱是屬猴人
四度 四十三四稱心情雲收霧散月光明
过卯 出入利益財源茂職位增祿福自生
八度 秋涼鴻雁高樹鳴上下翱翔各不同
过未 兄弟八人你居后原來不是一母生
一度 紫燕啣泥正新春時遇和风氣象新
过亥 生辰四月三十日晚景崢嶸福臨门
十四 斗轉寅宮月鈎懸宇宙同春閏月年
过子 閏正月生初二日父母堂前添笑顏

心七

五度
过辰
十四
过申
四度
过子
十度
过辰
七度
过子

寅十一月是仲冬二十一日身降生
福寿松柏耐岁月名似寒梅吐香清
雪案萤火志在冬、十年寒窗苦用工
早年屡试皆不第運至戊申入泮宫
春雨花開遇春光桃李芬芳满园香
妻宫属鼠生二子興家立業福禄昌
姻缘前定月老成夫君定是属大龍
生逢四刻皆白髮晚景堂前鳥凤鳴
生逢二刻氣象昌兄弟五人不成双
二親之中先去父棠棣花開各芬芳

金

十三
过酉
五度
过子
五度
过辰
九度
过申
十五
过丑

金星入酉最為良二親康相喜榮昌
父命元辰是鸡相慈母一定是猴鄉
子宮过度理真奇神推妙算洩天机
生你元辰是何日父年正交三十七
四十五六流年强財祿亨通大吉昌
出入往來皆順利滔滔福氣姓名香
雁过空中排成群兄弟宮中只九人
同氣連枝身居八生身不是一母親
五星躔度定吉凶新妻佳景又重逢
閏正月生初八日楊柳垂金喜氣生

心上

六度　瑞雪紛紛不時臨寅十一月見元辰
过巳　二十六日生身体寒梅南放浩然尋
十五　身宮命中坐实強滿腹文章志氣剛
过酉　運臨巳酉方遂志身掛藍袍還故鄉
五度　蟠龍枝上桂花香赤繩繫足兩鴛鴦
过丑　妻宮屬馬生二子可喜后代更吉昌
九度　天生姻緣月老成富貴榮華坐命宮
过巳　生逢四刻亥屬狗白頭到老兩和鳴
八度　三刻鴻雁立江濱草木森森仁義人
过丑　兄弟五人先去父必早石皮各立门

木

十四 过戌 三度 过丑 六度 过巳 十度 过酉 十六 过寅

星宿过度定世间父命属狗母猴年
双親可比松柏景夫倡婦隨到百年
度數多宫不差移一枝花開子結实
父年方交三十八生你堂前福禄齊
流年四十七八強出入謀為大吉昌
仕禄榮迁添吉慶一门福禄自然康
鴻雁空中任飛舞左右展翅自翱翔
兄弟十人你居几只是一父不一娘
新春節至三陽生灵胎員滿漸長成
堂上双親同欢慶闰正十三你降生

七度　翠竹耐寒色更新梅花開放雪裡侵
過午　閨臘月生初一日双親添喜見元辰
十六　志在甘羅早登第命該太公同意遲
過戌　只因大運庚戌到喜氣洋洋入泮池
六度　東風吹散一枝梅夗央枕上共羅幃
過寅　妻宮屬鼠姻緣定喜生三子共齊眉
八度　五刻配合姻緣成偕老双双支屬龍
過午　琴瑟合和齊眉案結髮朱陳月老成
九度　生逢四刻棠棣強兄弟五人排成行
過寅　二親位上先去父失卻恩情淚成双

水

十五过亥
五度过寅
七度过午
十一过戌
十七过卯

五星命定論五行生剋制化造的準
訣定人间双親相父屬狗來母猴庚
堂前丹桂子结成果然应兆梦飛熊
父年生你三十九罔極深恩天地同
四九五十添瑞氣命宮迁转增喜事
產財與旺你富贵出入通達百福至
長頸鴻雁立江濱草木森森仁義存
兄弟十人身居八母雖不同一脉系
清風明月遇良宵元旦佳节在昨朝
闰正月生十八日父母堂前產異苗

八度　梅花綻蕊香滿門　風擺竹梢更是佳
過未　生辰寅臘月初六　漁翁釣罷路迷蹤
十七　胸藏豪氣吐長虹　時運不至命未通
過亥　只等大運到辛亥　洋洋得意入泮宫
七度　七度過卯配姻緣　妻宮屬馬皆天然
過卯　丹桂三枝身榮茂　晚景福祿更清閑
七度　赤繩繫足配姻緣　綠水滔滔並頭蓮
過未　生逢五刻亥屬狗　一枕妃央永百年
十度　生逢五刻手足強　兄弟五人各爭芳
過卯　堂上双親先去父　棠棣花開是佳香

火

二度 南極主定尽寿星八十五歲倆田空

过子 辭却人世登仙界悠悠蕩蕩不回程

七度 世間何事是真福人生尽子萬事足

过卯 父年正交四十歲生你門前臻百福

八度 五十一二利官祿流年遇此登途路

过未 出入順利百事吉喜氣重重生百福

十二 空中鴻雁望瀟湘南北分飛思故鄉

过亥 兄弟九人你居末却是一父不一娘

十八 富貴貧賤總由天閏正月生十二三

过辰 丹桂庭前添喜氣門掛新紅矢弓弧懸

九度	梅花初綻雪花天　攤出瓊花枝上傳
过申	父母養育你身体　閏臘十一降人間
一度	山映青松雪花天　父是鼠相正清閑
过子	母親屬兔前生定　月照梅花影上懸
八度	若向人間夫與妻　月老註定不差移
过辰	妻宮屬鼠生四子　福祿蓁蓁更出奇
六度	大運交轉行到辰　最喜待夫好敬賓
过申	持家立業身康泰　移台粧的沛顏新
十一	鴻雁成羣是前緣　兄弟五人一排連
过辰	生逢六刻先去父　失却同心各自安

土

三度　命宮註定壽延長八十六岁盡妻光

过丑　大限來时天祿盡逍遙自在上天堂

八度　星宿纏度最精微安身立命是玄机

过辰　註定生辰何日降父年正交四十一

九度　五十三四显妻光門户康太福祿昌

过申　滿堂福祿人欽羨滔滔福祿百事強

十二　花開莫怨結子晚棠棣休怪月出遲

过子　生辰三月初五日午等妻月日等时

十九　八字生成定命宮寅正二十八日生

过巳　一枝丹桂從天降困龍得雨自飛騰

十度　耐寒松柏结成林浩然尋梅雪侵身
过酉　闰臘月生十六日季冬将殘盼新春
二度　雲影天光几度秋父母原来是屬牛
过丑　母命原有星纏定子孙传家永悠々
九度　红杏桃夭似火噴月老註定是前姻
过巳　妻宮屬馬生四子青松桂柏起祥雲
五度　大運轉至戌宮安五福臨门百事全
过酉　助友與旺多豐厚福氣洋々喜事添
十二　棠棣枝頭色青黄兄弟五人排成行
过巳　生逢七刻先去父失却長公姓名揚

龍

五度　南極註定春延多光阴似箭快如梭

过寅　八十七岁光阴夜回首夕阳梦南村

二度　五星之理最精微未来之事预先知

过巳　堂你父交四十二丹桂庭前福禄奇

十度　五十五六福重加添財進喜有异发

过酉　私谋官幹皆吉利仕路升迁喜氣達

十一　桃李開时滿園春喜鵲枝頭鬧春光

过丑　生辰三月初十日晚景喜氣福禄昌

十一　驚蟄前生仲春时柳梢枝上子規啼

过午　閏二月生初三日堂上双親見子奇

十一　季冬將盡盼新正瑞氣飄飄松柏青

过戌　閏臘月生二十一灵胎落地晚年豐

二度　父命年庚生在寅母親屬虎是同庚

过寅　遐齡可比松柏景傲雪欺霜更長清

十度　姻緣簿上主榮昌鸞交鳳友配成双

过午　妻宮註定屬鼠相必產五子在高堂

四度　大運交辰身不寧災殃疾病氣惱生

过戌　持家立計多心緒又惹煩惱事來驚

十三　生逢二刻氣象昌兄弟五人不成双

过午　堂上双親先去母棠棣花開各茂芳

紫

十四過卯

四度過午

十一過戌

十度過寅

十二過未

命元長短造化分 松柏青青歲月深

八十八歲天祿盡 辭却人世命歸陰

命宮註定理最难 丹桂庭前得子男

四十三歲是父命 你身降世在人間

五十七八最為良 花逢細雨正芬芳

職位升迁官祿显 百福禎祥百事昌

春風擺柳花正鮮 子規樹上啼声喧

生辰三月十五日 灵胎落地在人間

春多雨露萬物發 恩光降生显荣華

父母罔極恩难根 生辰闰二月初八

十二　朔风凛〻透骨寒梅竹重〻方景殘
过亥　閏臘月生二十六喪节相迎盼新年
四度　人生若問親庚相系宫过度仔细详
过卯　度數过卯纏紫微父兄母弟福禄長
十一　昔日月老配姻緣妻宫屬馬保安全
过未　丹桂庭前結五子百年福禄永團圓
三度　運行戌地不均调心中憂悶命裡招
过亥　懶待夫君心意定菱花只在腦后飄
十四　鴻雁分飛在空中兄弟五人一般同
过未　三刻生来先去母失却夫主各自行

文

四度　孤星文曲过宝瓶二親庚相定的明

过子　鼠父左堂逍遥樂慈母属猴百年榮

六度　菊房枝頭葉更榮蟠桃一樹弄春風

过未　父年方交四十四生你養成丹桂叢

十二　五十九岁至六十財祿重叠最為奇

过亥　福祿滔滔如東海晚景通太更舞移

九度　梨花開放似銀鈴桃杏枝頭杜宇声

过卯　生辰三月二十日父母堂前添笑容

十三　東風吹綻桂花兼荷花出水又生光

过申　生辰寅二月十三一世昌榮福祿強

六度　運行庚子大運通喜氣洋洋入泮宮

过子　一枝丹桂天边折万里青雲足下生

五度　清風明月折桂新父是屬猴而母親

过辰　星宿显出双親相順逆遲留定人倫

十二　春風桃李花正開交鸞結鳳会蓬台

过申　妻宮屬鼠生六子舉案齊眉百福來

十五　命宮註定壽年高光陰似箭雪花飄

过辰　八十九歲光陰盡難免無常臥荒郊

十五　四刻生人細推尋兄弟五人情不均

过申　双親位上先去母合主石皮反生嗔

武

五度
过丑
九度
过申
一度
过子
九度
过辰
十五
过酉

雪影天边九度秋二亲庚相在兹求
父命属牛安然乐母命本来是属猴
子时迟早无偶然庚相共照在人间
父年方交四十五方才生你在堂前
空中鸿雁注长江兄弟十人甚荣昌
次序排来你居六同父只是不同娘
多宫过度论命宫风摆竹梢色更新
生辰三月二十五万物生和正季春
风和霞々林园茇物色扬名步々花
生辰原是闰二月灵胎落地正十八

七度　祖父積德几十春富贵荣華配君身

过丑　運行年丑遊泮水少年得意在黌门

六度　武曲多宫顺逆行父相一定属小龍

过巳　母親属兎月光好家道合和百事成

十三　犯央配对似芙蓉妻宫属馬福禄增

过酉　丹桂庭前结六子百花開放映日红

十六　梧桐葉落花将残黄粱一梦離人间

过巳　老命残躯九十出阳関路上又回还

十六　棠棣花開百花盛兄弟五人不成双

过酉　生逢五刻先去母雁行多我生長江

陰

六度
过寅
十度
过酉
二度
过丑
七度
过巳
十六
过戌

人馬宮中遇太陰二親庚相定的真
父命属鼠母猴相福寿延長祿並臻
过酉安身立命宮丹桂庭前子结成
父命方交四十六晚景生你是芳名
兄弟宮中甚是奇十一不是一母劬
雁行排来你居六是兵是愚不能齐
清和柳絮显春光百年世業草木昌
逍遥自在双親育三月三十產画堂
应时阳暖遇春风紫燕回归画梁中
闰二月生二十三一輪明月照東西

八度 逕至壬申果出奇 可喜文斉福更斉

过寅 今日暫且居泮水 他年必折丹桂枝

七度 清风擺柳繞雲烟 父是屬馬壽松間

过午 母命原來是屬相 榮華富貴好推迁

十四 五星纏度定命真 妻宮原是屬鼠人

过戌 継述不托嫡难求 必產庶室一子臨

十七 八字先天度數排 九十一歲命中該

过午 魂魄逍遙辭人世 回首一夢赴陽台

十七 生逢六刻度數多 兄弟五人氣象新

过戌 双親位上先去母 父守寒窗百歲春

陽

七度　过卯
十一　过戌
三度　过寅
六度　过午
十四　过亥

分宮过度理最玄　命宮証定巳預先
要知人間親庚相　父親屬兔母猴年
演星之理最玄微　命宮之事預先知
若向君身何日降　父年正交四十七
鴻雁分飛立江濱　草木森森仁義存
兄弟七人你居末　雖不同母一脉分
鶯宿半夏逢和景　南星甘草共茯苓
至夏四月初五日　知母當歸肉蓯蓉
八字命中定不差　閏二月生二十八
燕繞画梁侍家傳　丹桂庭前自生華

九度　雪案螢窗志更堅　聖賢經史苦鑽研

過卯　喜得命臨癸卯位　天衢初步玉階前

八度　山映青松萬花林　家君定是屬羊人

過未　萱堂屬兔星註定　蘭桂芬芳茂成林

十五　星辰過度命中成　筭人一生最爲靈

過亥　嫡妻屬馬不生子　庶出一子了送終

十八　北斗星宿註死生　壽享九十二歲終

過未　魂到閻場偏逢網　陽台夢斷一場空

十八　生逢七刻手足強　鴻雁分飛排成行

過亥　兄弟五人先去母　內有右皮性不長

巨

八度
过辰
十二
过亥
四度
过卯
五度
过未
一度
过子

星宿斗转论命宫时刻不差古今同
注定二亲命庚相母命属猴父属龙
丹桂堂前异味鲜紫燕穿画梁簾向
父年四十又八岁生你堂前带笑颜
天上云雁生南飞嘹嘹唳唳过泽溪
兄弟八人你居七同父异母不能齐
薰风初到夏景佳葵绽榴开共百花
生辰四月初十日锦绣堂前一子芽
八字生在五行中暮景堂前丹桂荣
闰十一月初一日父母生你应罴熊

心

十度　雷動中天起卧龍，春雨絲絲萬物生。

过辰　運臨甲辰方遂志，先登泮水耀门庭。

九度　堂上家君本屬猴，母親屬虎配的週。

过申　生產人龍倚后世，緣水青山几千秋。

十九　八字前生定的真，九十三歲命归陰。

过申　七魄茫茫归幽冥，家庭之人少一人。

十四　二刻生人配成双，共枕同衾兩夗央。

过子　千里姻緣如魚水，夫主屬龍是清貞。

九度　手段高强世間稀，撥塑神像大出奇。

过未　半積陰功半圖利，大神大將他手奇。

四度　懸梁煞害在命身　身边終日有鬼跟

过辰　一心只想阴司路　不破定然命难存

十二　流年臘月不荣昌　口舌是非惹几場

过戌　若無官事多灾病　交至立春保安康

一度　命犯恶煞是凶神　不久殘生喪他人

过午　此煞必定忙解破　免得目下命归陰

十度　財準刻準定的真　非農非工也劳心

过亥　衣祿食祿處處足　先天註定理最深

尾火虎卷八部

丙十五　生身立命在人间　又是屬猴母兎年

過申　南山有壽人难比　清風明月好安閑

十五　五星纏度理最微　未來之事已先知

過亥　兄弟七人你居末　生來堂前福祿齊

七度　棠棣花開正芬芳　兄弟十一自排行

過卯　次序推來君居十　同父只是不同娘

十度　杨杏桃花各含芳　双親俱上有垂張

過未　幼年若不為僧道　命中該至三房娘

二度　松柏耐寒仲冬青　杨花開放色更濃

過子　閏十一月初二日　麟兒降生在家庭

八度　春至格早花正開遲　運不通來且待時
過辰　運行丙辰方遂意　命入貴宮到池律
八度　三刻配合美姻緣　一對兒夫共白頭
過子　洞房花燭團圓會　夫宮是此承吉年
十二　壬辰命是刀劍金　鼠尾牛頭陰處存
過申　限至七十零五歲　當病回頭命歸陰
十一　正次二恩坐寶殿　命中孤硬不尋常
過未　若非參玄拜佛教　也須壓命兩重娘
九度　尾星纏絡過辰宮　人間親相定的明
過辰　這是五星玄妙理　母命屬鴉又是龍

孛十六　堂上双親在何宮　又是屬鴉母兔葉
過酉　壽比南山福似海　百歲光陰百歲同
十八　十二十四多利益　進來求姻件件吉
過子　出入經榮財源旺　福壽双全不須疑
八度　五星註定造化根　兄弟十一算的真
過辰　雁行雖來君居末　雖不同母一脈生
十一　孛星照命又主孤　双親位上父先無
過申　隨娘更嫁繼父養　來作樹接李子孤獨
三度　寒梅春信松栢青　鮮花綻蕊色更濃
過丑　生辰正閏十一月　初七生係日旦之人龍

九度　運行丁巳最為良　求名利益俱吉祥

過巳　考試得意游泮水　光宗耀祖显门墙

九度　註定二刻配姻緣　鸞交鳳友月團圓

過丑　夫男配定是豬相　洞房花燭百年歡

十三　癸酉刀劍全壽长　龍蛇之年易隄防

過酉　壽限八九終年到　一八九鼠要黄梁

十二　申宮星命尾星纏　巳身未成又不全

過申　桃花開放李結子　繼又恩養方安然

十度　李行過巳纏尾行　二親庚相推的清

過巳　又命屬蛇與鷄相　双双有壽在堂庭

羅

十七過戌　尾虎纏羅入戌鄉　父是屬狗兒庚娘

十六過丑　十七過度財星旺　五福臨门百事昌

九度過巳　十五十六流年強　福祿吉慶百事康

十二過酉　出入謀為皆利益　喜氣盈门桂花香

四度過寅　命宮先天定的真　兄弟行中有四人

提綱暗时刑冲破　一樹枝上長四根

羅星命壽定三陽　已身未成父早亡

萱堂休學斷机教　棄子嫁夫另立郎

寒風移下九叔上更佳　松柏長青不讓他

閏十一月生辰日　降生十二福祿榮

十度　戊午運臨不尋常　泮水先游姓名揚
過午　今朝果遂窓前至　名到黌宮步倫堂
十度　三刻生人水上遊　夫主屬蛇到白頭
過寅　春來花開桃共李　暮景歡欣添壽筭
十四　甲戌山頭失命生　鷄犬年亥送歸空
過戌　七十七歲光陰盡　身化爲泥氣化風
七度　羅星纏尾清正星　你身主就此刻生
過寅　一心養性好喫素　看經掌教有声名
十一　五星定命洩天機　羅星纏虎過度遲
過午　註定人間兩親相　又是屬狗母屬鳴

計

十八 識問人子度數尋 又是屬猪兎母亲
过未 計舞天门遥逍樂 榮華康泰喜欣欣
十六 十七十八氣象佳 添財進喜有兴孝
过寅 私謀官幹皆吉利 家宅安康錦上花
十度 手足宮中遇吉昌 兄弟五人喜連芳
过午 雁行排来俩居四 根本相同又离遥
十二 樓乱星入命不安 结髮夫妻冷眼看
过戌 計星入目不明朗 定主活離各一天
五度 冬景朔风寒面吹 雪白良田逞风威
过卯 閏十一月生初七 炉火禦寒月光輝

十一　生逢三刻配姻緣　月老前定非偶然
過卯　夫主屬猪赤繩繫　白頭到老福祿全
十一　運轉巳未文學成　考試得遂入泮宮
過未　身遊明堂人爭羨　脫藍換紫耀门庭
十五　乙亥生人延壽長　山頭大命定高强
過亥　七十四歲離人世　虎牛之年喪黃梁
五度　分宮過度理最玄　看經念佛你當先
過子　持齋把素心向善　命宮註定你清闲
十二　分宮過度定吉祥　計都十二虎纏羊
過未　父羊母鷄天造定　双〻有壽在高堂

金

十二過申　金過申宮金対金　五星定命算的真
過申　若向人親門庚相　父命屬猴母鷄辰
十五　十九二十九事成　此命衣祿廣廣豐
過卯　出入亨通財源茂　私謀宮幹添喜谷
十一　天地成生造化均　空中飛雁喜成羣
過未　兄弟六人你居四　中间必有石皮身
十四　命宮星宿兩參商　結髮不合淚汪汪
過亥　夫宮位上遇仇难　活離晚嫁兩馨香
十六　斗轉寅宮又重新　閏正月初四日生
過子　堂上双親喜又喜　灵胎落地見元辰

十二　運行庚申福禄齊　寔前奮志望雲梯
過申　名列黌宮先入泮　先宗耀祖一郡知
十五　前世配成姻緣成　房内居牛是妻宮
过子　丹桂庭前結二菓　福如東海壽如松
十二　生逢四刻定姻緣　結成朱陳牛女歡
过辰　夫主屬蛇成婚配　一對鴛鴦永百年
五度　二刻生人难俱全　紫荊樹下加倍還
过子　兄弟六人失去父　各自崢嶸各家園
六度　火龍交纏度　數分　倒十一月降君身
过辰　數内推來皆一體　二十二日是生辰

本

十四　火虎行木庚數遲　五星推算已失知

过酉　請君靜聽双親相　父母原來都屬鷄

四庚　八字能淺造化機　命中註定無差移

过子　父年四十零九歲　果然生你應熊羆

十四　二十二喜事臨　一门順利財双存

过辰　家门康泰皆大吉　喜事重〻福祿臻

十二　鴻雁展翅望北飛　双〻對〻少一隻

過申　棠棣紫荊花一樹　兄弟七人你四推

十五　身生母親報恩难　光陰似箭月未圓

过丑　鶴駕紛〻來並瑞　门正月生初九天

十三
過酉
十六
过丑
十三
过巳
六度
过丑
七度
过巳

運行辛酉主吉祥
泮水失登聲名美
月老註定主榮昌
積福堂前生二子
戲水鴛鴦在蓮池
生逢四刻夫豬相
空中鴻雁望瀟湘
只弟〻〻人失去父
冰砌玉路雪堆積
數九正寅十一月

望板丹桂並文章
天宗櫂祖顯門墻
配定妻宮是屬羊
可喜房內更吉祥
雨洒花梢不粘泥
鸞鳳和鳴子結買
逢生三刻氣象昌
其中必有石皮傷
松栢梢黃寒鳥啼
元辰降生二十七

板

水

十五 过戌 五度 过丑

五星之理最玄微
時刻定真無差錯
世間何事是真福
父年正交五十歲

銅壺滴漏漸漸催
父命屬鷄母屬鷄
人生有子萬事足
生你傳家瑞氣出

十五 过巳

二十三四壽無邊
萬縣鮮花開雨後

事事亨通心自安
一輪明月出雲端

十三 过酉 十四 过寅

人生在世兩俱全
雁行之中分次序
斗柄回寅三陽生
堂上双親有吉慶

兄弟五人你排運
你身却在儘後邊
靈胎圓滿形漸成
寅正十四你降生

十四　壬戌運臨福祿清　得遂寒窗十載工
过戌　身入泮池人爭羨　光宗耀祖換門庭
十七　命宮八字定不錯　月老註定結絲羅
过寅　妻宮屬牛結三子　蘭桂森森喜氣和
十四　月老配合無差別　千里註定夫屬蛇
过午　生逢五刻無刑害　鸞鳳和鳴聲不絕
七度　棠棣花開正芬芳　兄弟六人是三双
过寅　生逢四刻失去父　鴻雁分飛思故鄉
八度　滴水成冰正季冬　朔風吹動竹葉青
过午　生辰臘月初二日　寒鳥一聲玉樹鳴

火

十六 星宿纏度時刻真 掌中算盡世间人
过亥 父命屬猪無差錯 母亲定屬是鷄人
六度 星宿躔度最玄微 安身立命滅天機
过寅 註定生辰向日降 又年正交五十上
十二 二十五六好求財 出入謀為稱心懷
過午 旱苗得雨勃然旺 枯木逢春花自開
十四 空中鴻雁望長江 鏡天嘹嚦更淒涼
過戌 一樹桃花結六菓 蔡花杨消第五房
十三 门正月生仔佳期 十九降生已先知
過卯 君恩若遇乾坤位 東風次動子規啼

十五 運行癸亥最為良 寒窓用心習文章
过亥 身入黌宮先游泮 姓名標著明倫堂
十八 一对鴛鴦有宿緣 妻宮屬羊兩周圓
过卯 天賜麒麟生三子 永遠雙双过百年
十五 千里姻緣赤線連 月老前定非偶然
过未 时逢五刻分數定 夫配猪相永百年
八度 分宮过度五刻真 兄弟六人氣相象新
过卯 二条堂上先去父 無情無義反生嗔
九度 滿城風雪結然蹀 水花玉冰舞当空
过未 閏臘月生初七日 松柏梅花聆新正

土

七度 堂上双亲百年春 父是属鼠母鬼亲
过子 紫荊花開也不老 更比高山四皓人
七度 五行論命更精微 未来之事預先知
过卯 父年方交五十二 生你堂前福禄齐
十一 二十七八流年豐 求財利益逢貴星
过未 此命也合添喜事 百船和順稱心情
十五 金菊開放滿園香 鴻雁飛騰任翶翔
过亥 兄弟七人你居六 中间定有帶破傷
十二 已有父母恩最深 蘭桂芬芳正清春
过辰 闰正月生二十四 父母堂前添喜欣

十度 桃花柳絮正飛揚 妻宮屬牛配戌雙

过辰 丹桂堂前生四子 雁塔題名福祿昌

十六△ ○江邊鷄唱才回首後五行 粉面待夫以賓行

过申× △女命運指到已宮 閨門吉祥喜重重

四度、 ×十年無睡琴瑟樂 壽至七十七歲春

过子○ ●甲子是鼠海中金前行 山郎頂上自沉吟

九度 空中鴻雁望長江 生逢六刻主參商

过辰 兄弟六人先去父 各自持家各一鄉

十度 柳影梅花香滿堂 朔風凛凛雪共霜

过申 閨臈月生十二日 季冬數九聆三陽

龍

八度 綠柳冉冉宇宙春 父屬羊未兎母亲

过丑 春光景色清如水 試看長生不老人

八度 八字能識造化機 命宮註定無差移

过辰 父年五十〇三歲 果然生你應能罷

十度 二十八九家門旺 榮華富貴天上降

过申 出入通添達[illegible]財喜 私謀官幹最為上

三度 蘭繞秋天枝葉堅 根芽培植在名園

过子 必須移來盆內養 路得微霜亦自然

十一 命中八字定榮昌 仲春佳景降吉祥

过巳 閏正月生二十九 庭前丹桂桃春光

十乙　鸞鳳交结配姻缘　蘭房属牛你妻年

过巳　堂前四子声名贤　门庭景色福绵绵

廿七　女命流精到亥宫　喜氣迎门福自生

过酉　特家立業財源茂　面对芙花满笑容

五度　乙卯命是海中金　高寿七十二歲春

过丑　脱却凡塵辞人世　一枕黄粱命归陰

十度　雁行分飛七刻澠　兄弟六人青青黄黄

过巳　堂上双亲先去父　手足乖浇各一方

十一　松柏声抑耐歲寒　朔风透尹聆新年

过酉　桃花将盡正月節　腊月十七降人间

紫

九度 八字生来吉星臨 父是屬鼠母兎身
过寅 人生富貴天造定 清風明月暈濃陰
九度 立子早晚皆由天 庚相共照在人间
过巳 父年五十四生你 一枝丹桂立庭前
九度 三十一二百事宜 財禄豐盈人共知
过酉 命宮求財最吉利 人口興旺有福齐
四度 先天註定理最玄 身宮坐定尾星躔
过丑 幼年若非二姓養 不尅父母已难安
十度 人生頓立天地间 堂前栽花望百年
过午 生辰闰三月初四 已育生身父母歡

十三　花開正遇三月天　桃綻梅開映滿園

过午　妻宮屬牛生丑子　才得傳家耀祖先

十八　大運流精到巳宮　凡事謀為不稱情

过戌　財源不茂人生病　粧台懶對理舊容

六庚　丙寅是為命最堅　炉中火命南下壽上山

过寅　七十五歲合該死　南河一夢赴九泉

十一　鴻雁南還是故鄉　兄弟六人有破傷

过午　逢生二刻母先去　爭看棠棣各芬芳

十二　梅花傲雪耐歲寒　殘冬將盡盼春天

过戌　閏臘月生二十二　乾坤交泰自安然

文

十度　福祿重〻月正明　映汝春光家道隆
过卯　堂上双亲皆属兎　者比南山不老松
十度　命宫註定理最堅　丹桂庭前生一男
过午　父年正交五十四　生保持家福祿添
八度　三十三四家道興　此年謀為大亨通
过戌　財源滾〻千層浪　添財進喜福祿增
五度　大（火）限交遷文曲星　一元分為二氣生
过寅　间保姓汪又姓李　兩姓壓命免魁刑
九度　凤擺竹梢葉更青　再整梅花報君情
过未　生辰闰二月初九日　錦綉堂前子規鳴

十四過未　綠水鴛鴦排成行　妻宮註定是屬羊
　　　　　喜生丑子芳名著　蟠桃枝上桂花香

十九過亥　運臨亥未主災殃　人口六畜少安康
　　　　　家門不利身不穩　懶向粧台多驚慌

七度過卯　丁卯爐中火命生　壽比南山一般同
　　　　　八九之年零一歲　一枕黃粱命歸空

十二過未　鴻雁空中望南行　同氣連枝六弟兄
　　　　　生逢三刻先去母　必有石皮在其中

十三過亥　斗柄回寅春又來　雪裏翠竹梅正開
　　　　　閏臘月生二十七　朔風撲面喜盈腮

武

十一 星宿分野論命宮 母命屬蛇父屬龍
過辰 百歲光陰天加厚 聰景康泰又豐盈
十一 五星之理最玄微 無人不道看花回
過未 若問君身何日降 父命五十六歲期
七度 三十五六家道興 出入謀為主崢嶸
過亥 此年通達添財寶 一家和順福祿崇
六度 身命二宮生虛星 田宅之中難保成
過卯 若非二姓難存養 定知此命少崢嶸
八度 東風吹動丹桂香 荷花出水弄清光
過申 閏二月生十四日 一世榮泰福祿昌

四度　運行壬子最為奇　滿腹文章且待時
過子　可喜今朝遊泮水　蟾宮折桂第一枝
十五　月老配合姻緣成　恰似花花帶雨濃
過未　蘭房屬牛生六子　飛鴻頻使世間驚
八度　戊辰大林木命生　寒鴉唱處壽必終
過辰　七十四歲辭人世　一枕黃粱命歸空
十三　四刻註定棠棣根　兄弟六人情不均
過申　双親位上先去世　內有石皮反生嗔
五度　金烏玉兔走東西　先從兩天理甚奇
過子　掌握星辰袖中算　又命是鼠女是鴉

陰

十二 許人过度論年庚 父命是蛇母兎榮

过巳 人生福祿天保佑 金玉滿堂世々興

十二 安身立命定五行 丹桂庭前子結成

过申 父年方交五十七 暮景生你家業興

四度 賓鴻雁叫在當空 兄弟十人甚威風

过子 同氣連根你居九 原來不是一母生

七度 命宮註定母重々 陰陽二氣兩相形

过辰 若无二章難獨立 桂枝檳榔始能成

七度 仲春佳氣火風天 桃杏花開在堦前

过酉 閏二月生十九日 父母堂前開笑顏

五度　運行癸卯遇天昌　命宮註定姓名揚
廿五　青雪初步有洋水　改換门庭自生光
十六　一对鴛鴦共枕中　夫倡婦随鸞鳳鳴
过寅　妻宮牛相生六子　瑞氣滔滔福祿增
过巳　己巳生人大林木　戌亥之年絕天祿
九度　大限利未七十九　南柯一夢入陰墓
十四　五刻生人定命宮　兄弟六人一脉同
过酉　失却同心先去母　内有石皮福祿增
六度　星宿過天晝夜燃　全憑过度定的真
过丑　父命原是丑牛相　母亲定是酉鸡人

陽

十二 春色芳草一色新 又是屬馬母冤身

過午 清風明月值多少 一百歲不改舊風塵

十三 立子早晚是在天 庚相共照在人間

过酉 生係父年五十八 一枝桐桂立堂前

五度 手足宮中數不齊 兄弟十一甚似奇

過丑 次序之中係居九 有貴有富不能多

八度 雙親宮中父見臨 全主異姓正是身

過巳 桃杏花開李結子 少頭兩姓養成人

六度 曆日和風暖天氣 桃杏花開香滿園

過戌 閏二月生二十四 父母堂前三兒男

六度過寅
十七過戌
十度過未（係午）
十五過戌
七度過寅

懸樑刺骨立志堅
一朝身到黄宮内
欲向妻言何相因
可惜蘭芽難存立
庚午生人壽延年
君家大限八十五
生逢六刻手足發
兄弟六人先去母
太陽七度過寅宮
又虎母雞先天定

猶運壬甲（寅）逆心猿
果然初妻二青天
嫡婦屬牛降其身
廣出二子丹桂根
馬逢酉年初不全
南柯一夢不回還
鴻雁分飛望長江
各立家計山海長
推算時刻最精通
双双有壽不老松

巳十四 春花秋菊一色新
過未 容顏喜悅春不老
十四 命宮註定理難更
過戌 兄弟六人你居末
六度 手足行中氣軒昂
過寅 排行居十分造化
九度 異姓照命少恩强
過午 若不為僧無為道
五度 雨露生人杏花天
過寅亥 生辰原是閏二月
係亥子

又本屬羊毋兔身
百歲光陰百歲人
丹桂庭前子初成
生你少定吐長虹
兄弟十人整五双
司父只是不同娘
無心善處在高堂
命中註定兩層娘
百草生芽色更鮮
二十九日降人間

七度　寒窗之中苦琢磨　時運不至無奈何

過卯　只尋大運交乙卯　名到黌門宮喜氣多

十八　命宮配庚屬羊妻　定主終身無子息

過未　蘭芽二子偏枝上　方保君家有後裔

十一　傍路土命辛未生　壽延七十二歲終

過未　虎年月被雲遮掩　黃粱大夢妻歸空

十六　七刻逢之手足強　紅鴻分散飛排成行

過未　兄弟六人先去母　內有石皮情不常

八度　巨門星辰纏卯宮　日定時刻分明清

過卯　五星造化傳流世　父命日主兜母雞生

巳

一度 八字生來註先天 古今興廢壽能談
過辰 一生衣祿到處有 江湖上面把名傳
二度 欲定人生祿福張 樂享田園似春光
過未 貴人扶助重重有 任意逍遙更無疆
二度 此命一生不遇時 學盡古今文書史
過子 費盡心思不科第 八字註生偏官職
六度 乾坤交泰註南册 命宮貴格七十三
過辰 心巧方正行公道 子增又壽十二年